열두 살이 되기 전에 IQ를 높여라

초판 1쇄 발행 | 2005년 2월 4일
초판 4쇄 발행 | 2005년 5월 30일

글쓴이 | 황근기
그린이 | 홍시야
편집인 | 이순영   편집책임 | 임지영
디자인 | 여는   제작 | 홍진의
펴낸이 | 오세경   펴낸곳 | (주)계림닷컴
등록 | 제1-2684호(2000.5.22)
주소 | 서울시 종로구 평동 13-68
전화 | (02)739-0121(대표)   팩스 | (02)722-7035
이메일 | edit@kyelimbook.com
홈페이지 | www.kyelimbook.com

ⓒ 우리누리, 2005

이 책에 실린 글과 그림의 무단전재나 복제를 금합니다.

초등학생을 위한 IQ 계발 비법 68가지

열두 살이 되기 전에 IQ를 높여라

아이큐

황근기 글 | 홍시야 그림

계림

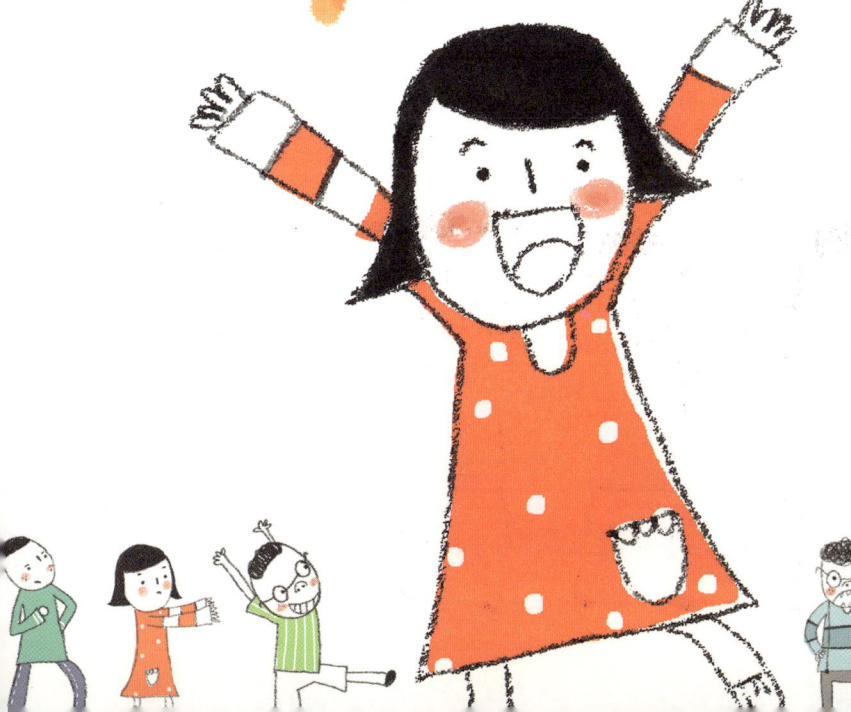

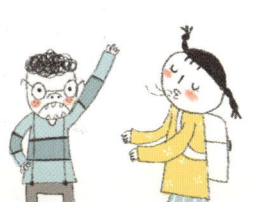

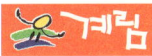

"IQ는 노력하면 얼마든지 높일 수 있답니다!"

"넌 참 IQ가 높구나!" 라는 소리를 들으면 괜히 기분이 우쭐해져요.
하지만 IQ를 계발해 보려고 노력하는 아이들은 거의 찾아볼 수가 없어요.
대부분의 아이들이 IQ는 태어날 때부터 정해져 있는 거라고
생각하고 있기 때문이죠.
그러나 IQ는 노력하면 얼마든지 높일 수 있답니다.
병원에 오랫동안 누워 있는 환자의 뼈는 보통 사람들보다
훨씬 약하다고 해요.
움직이지 않고 하루 종일 누워 있기 때문에 뼈가 퇴화된 것이지요.
이와 마찬가지로 IQ도 계발하지 않고 가만히 내버려 두면
점점 더 나빠진답니다.
그렇지만 반대로 계속 관심을 가지고 계발하면 얼마든지
IQ를 높일 수 있죠.

IQ는 아홉 살까지 80%, 열두 살까지 93% 가량 발달한다고 해요.
그러니까 열두 살이 되기 전에 IQ를 계발하지 않으면 기회는 두 번 다시 찾아오지 않는 거예요.
IQ 테스트는 여러 가지 영역으로 나누어져 있어요.
조금씩 차이가 있지만 대개 지각 능력, 기억력, 집중력, 창의력, 언어 능력, 논리력, 수학 능력 등이죠.
즉 IQ를 높이려면 이렇게 여러 영역을 모두 다 계발해야 하는 거예요.
어느 한 영역이 발달했다고 해서 IQ가 높아지는 건 아니죠.
자, 그렇다면 어떡해야 여러 가지 영역을 고루 계발할 수 있을까요?
얼른 책장을 넘겨 보세요.
열두 살이 되기 전에 IQ를 높이는 아주 특별한 비법이 여러분을 기다리고 있답니다.

황근기

차례

제1장 지각 능력 높이기

1. 나는 나에 대해서 얼마나 많이 알고 있을까? … 12
2. 지각 능력 문제 가장 쉽게 푸는 법 … 15
3. 세상에서 가장 멀리 나는 종이비행기 만들기 … 18
4. 아이큐가 높은 아이들의 두 가지 특징 … 20
5. 화장실에서 휴지를 끊을 때 어떤 소리가 날까? … 22
6. 감각을 키우는 놀이를 해 보자 … 25
7. 나에게 매일 새 감각을 선물하자 … 27
8. 사물을 사방팔방으로 바라보면 머리가 좋아진다 … 29
9. 도형 문제를 풀 때는 3D 게임을 생각해라 … 32
10. 팬티를 빨아서 널어 보자 … 35
11. 놀면서 머리가 좋아지는 법 … 38

제2장 기억력 높이기

1. 장소법으로 기억하기 … 42
2. 금붕어에게 어항이 바다와도 같은 까닭 … 44
3. 기억력을 단단하게 만드는 법 … 46
4. 리듬을 타면 저절로 외워진다 … 48
5. 한 번 들은 이야기 절대 잊어버리지 않는 법 … 51
6. 근육도 자꾸 쓰면 강해지는 것처럼 … 54
7. 머릿속 도화지에다 그림을 그려라 … 56
8. 나만의 기억 지도를 만들어라 … 59
9. 놀면서 기억력 높이기 … 62
10. 길을 걸으면서 공부하는 법 … 64
11. 기억의 한계에 도전한다 … 67
12. 무의식의 뇌를 열어라 … 70

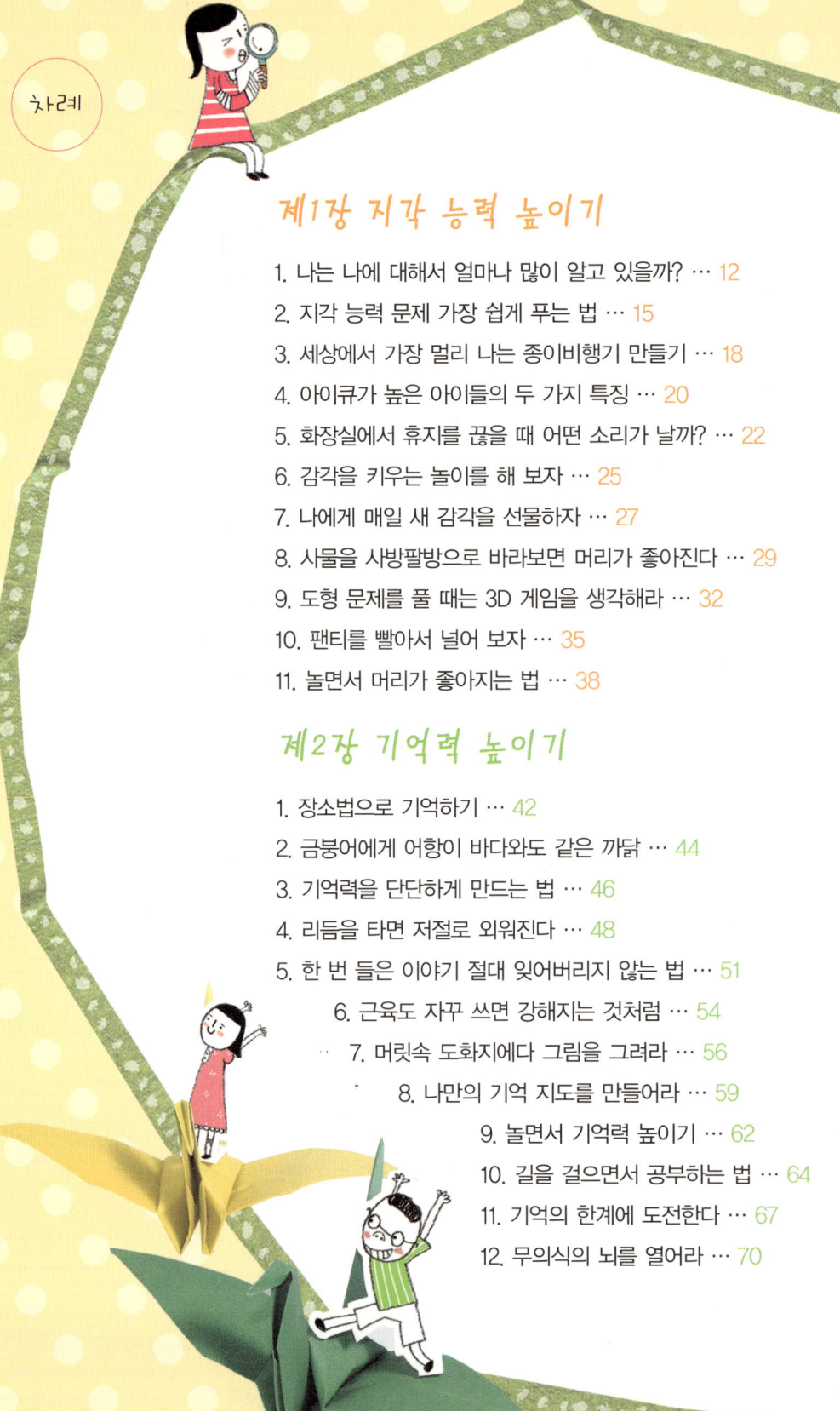

제3장 집중력 높이기

1. 두 마리의 토끼를 한꺼번에 잡으려고 하지 마라 … 74
2. 집중력을 높이는 체조 … 76
3. 집중력 계발 훈련 1 … 78
4. 집중력 계발 훈련 2 … 80
5. 집중력 계발 훈련 3 … 81
6. 집중력 계발 훈련 4 … 83
7. 경쟁하는 마음을 가져라 … 88
8. 집중력을 계속 유지하면서 공부하는 법 … 90
9. 집중력을 기르는 명상법 … 92
10. 균형 감각이 좋은 아이가 아이큐도 높다 … 94
11. X자 생각하기 … 96

제4장 창의력 높이기

1. 습관에서 벗어나기 … 100
2. 창의력을 키우려면 무식해야 한다 … 102
3. "만약에?"라는 질문을 해야 하는 까닭 … 105
4. 정답을 찾으려고 하지 마라 … 108
5. 컴퓨터 자판 속에 숨어 있는 엉뚱한 규칙 … 109
6. 만일 지금 머리가 나쁘다고 고민하고 있다면 … 112
7. "왜?"라는 질문 하나로 부자 되기 … 115
8. 나는 얼마나 창의적인 아이일까? … 117
9. 머리를 좋게 하는 웃음 … 120

제5장 언어 능력 높이기

1. 성질이 다른 하나를 찾아라 … 124
2. 원숭이 똥구멍은 빨개, 빨가면? … 127
3. 멍텅구리가 물고기 이름이라고요? … 130
4. 하루 아침에 언어 능력을 키우는 비법 … 133
5. 마법의 언어 놀이 … 136
6. 스스로 낱말 퍼즐 만들기 … 139
7. 문장을 한꺼번에 길게 읽어라 … 141
8. 덥다고 생각하면 한겨울에도 땀이 난다 … 143
9. 오른쪽 뇌 속에 숨어 있는 서랍을 열어라 … 145

제6장 논리력 높이기

1. 왜 이렇게 됐을까? … 150
2. 손톱이 빨리 자라는 아이가 아이큐가 높다? … 152
3. 커브를 잘 던지는 투수가 머리가 좋은 까닭 … 154
4. 종이접기로 논리력 기르기 … 156
5. 속담에게 시비 걸기 … 158
6. 뒤섞여 있는 그림을 바로잡아라 … 160
7. 궁금한 게 있으면 무조건 질문을 던져라 … 163
8. 나는 어느 쪽 뇌가 더 발달했을까? … 165
9. 평소에 사용하지 않는 손을 사용해라 … 167

제7장 수학 능력 높이기

1. 산수를 잘한다고 머리가 좋은 건 아니다 … 170
2. 흑과 백의 마법 … 172
3. 수학 천재들이 수학 문제 푸는 법 … 174
4. 공부하지 말고 밖에 나가서 뛰어놀아라 … 176
5. 아이큐를 높이는 가장 좋은 약은 자신감이다 … 178
6. 머리가 좋아지는 두뇌 체조 … 180
7. 가위바위보로 수학 능력 키우기 … 182

1. 나는 나에 대해서 얼마나 많이 알고 있을까? | 2. 지각 능력 문제 가장 쉽게 푸는 법
3. 세상에서 가장 멀리 나는 종이비행기 만들기 | 4. 아이큐가 높은 아이들의 두 가지 특징
5. 화장실에서 휴지를 끊을 때 어떤 소리가 날까? | 6. 감각을 키우는 놀이를 해 보자
7. 나에게 매일 새 감각을 선물하자 | 8. 사물을 사방팔방으로 바라보면 머리가 좋아진다
9. 도형 문제를 풀 때는 3D 게임을 생각해라 | 10. 팬티를 빨아서 널어 보자
11. 놀면서 머리가 좋아지는 법

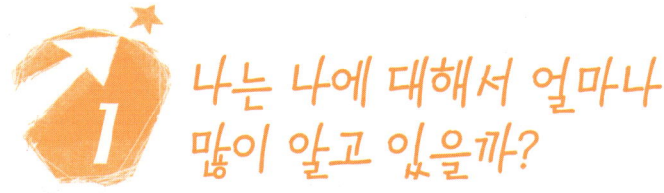

1 나는 나에 대해서 얼마나 많이 알고 있을까?

너는 네 자신에 대해 얼마나 많이 알고 있을까?
대부분의 아이들이 자신에 대해서는 너무나 잘 알고 있다고 생각할 거야.
하지만 정말 그럴까? 간단한 실험을 해 보자.
잠깐 책을 내려놓고 팔짱을 껴 보렴.
누구나 팔짱을 낄 때 한쪽 팔은 위로 가고 다른 한쪽 팔은 아래로 내려가지.
네 경우는 어느 쪽 팔이 위로 올라가니?
아, 잠깐 팔짱을 끼기 전에 생각을 먼저 해 보렴.
'나는 어느 쪽 팔이 위로 올라갈까?' 하고 말이지.
어때? 맞혔니? 맞혔다면, 몇 가지만 더 해 보자.

1. 양말을 신을 때 나는 주로 어느 쪽 양말을 먼저 신을까?
2. 깍지를 낄 때 어느 쪽 엄지손가락이 위로 올라갈까?
3. 다리를 꼬고 앉을 때 주로 어느 쪽 다리가 위로 올라갈까?

어느 쪽을 먼저?

직접 해 보지 않고 정확하게 세 문제를 맞힌 사람은 거의 없을 거야.
그런데 왜 이렇게 내 자신에 대해서 모르는 게 많은 걸까?
그건 네가 평소에 네 모습에 관심을 기울이지 않았기 때문이란다.

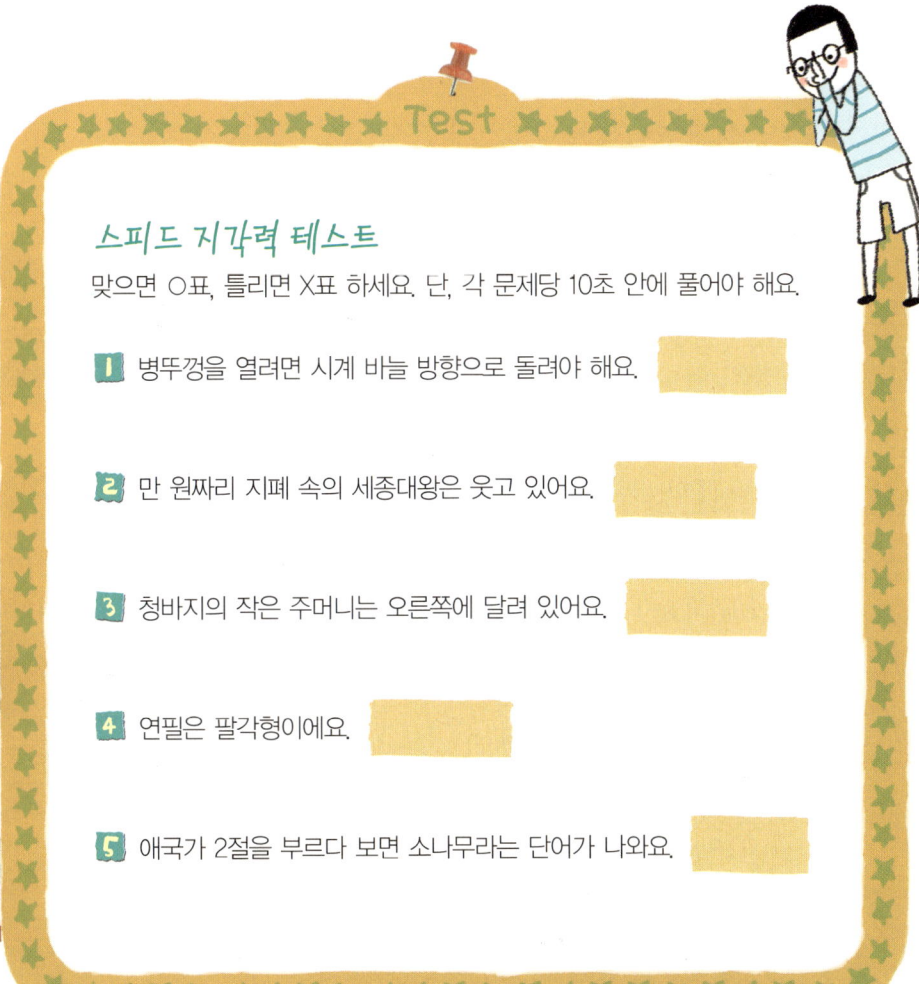

스피드 지각력 테스트

맞으면 O표, 틀리면 X표 하세요. 단, 각 문제당 10초 안에 풀어야 해요.

1. 병뚜껑을 열려면 시계 바늘 방향으로 돌려야 해요.

2. 만 원짜리 지폐 속의 세종대왕은 웃고 있어요.

3. 청바지의 작은 주머니는 오른쪽에 달려 있어요.

4. 연필은 팔각형이에요.

5. 애국가 2절을 부르다 보면 소나무라는 단어가 나와요.

자, 그럼 이제 쉽게 추리할 수 있을 거야.
너 자신에 대해서도 이렇게 모르는 게 많다는 건 무엇을
의미하는 걸까?

그래, 세상에는 아직 네가 모르고 있는
(지각하지 못하고 있는) 것들이 셀 수 없이 많단다.

물론 연필이 팔각형인지 육각형인지 알지 못해도 생활을 하는 데
별다른 불편을 느끼지는 못할 거야.
그러나 어려서부터 사물을 정확하게 관찰하는 습관을 기르지 않으면
네 안에 잠들어 있는 아이큐를 깨울 수 없어.
모든 사람들의 머릿속에는 무한한 능력이 감추어져 있지.
그래서 단 한 번이라도 꼼꼼하게 관찰한 것들은 웬만하면 절대
잊어버리지 않는 법이란다.
이제부터라도 건성으로 그냥 지나쳤던 주변의 사물들에 대해
관심을 가져 보렴.
그리고 주의 깊게 관찰해 보렴.
그럼 네가 지금까지 모르고 있던 것들이 얼마나 많은지를
곧 알게 될 거야.

♠13쪽 문제 정답 : 1-×, 2-×, 3-○, 4-×, 5-○

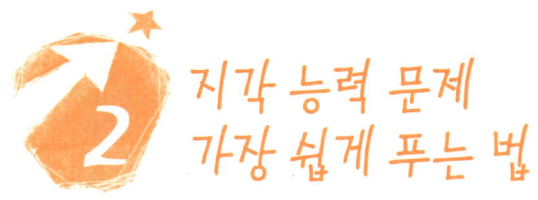
지각 능력 문제 가장 쉽게 푸는 법

누구나 자신은 사물의 특징을 잘 알고 있다고 생각하기 쉬워.

그런데 정말 그럴까?

일단 아이큐 테스트에서 네가 앞으로 자주 보게 될 문제를 한번 살펴보자.

어때? 쉽게 풀 수 있겠니?

조금만 생각해 보면 4번 압정이 답이라는 걸 눈치 챌 수 있을 거야.

다른 것은 모두 뭔가를 박거나 빼는 데 쓰이는 도구인 데 비해

압정은 박히는 데 쓰이는 것이기 때문이지.

그런데 문제는 아이큐 테스트는 한없이 시간을 주는 게 아니라는 거야.

주어진 시간 안에 얼마나 많은 문제를 정확히 맞히느냐가 중요하지.

그렇다면 빠른 시간 안에 문제를 정확하게 맞히려면 어떻게 해야 할까?
앞의 문제와 같은 유형의 문제를 하나 더 풀어 보자.

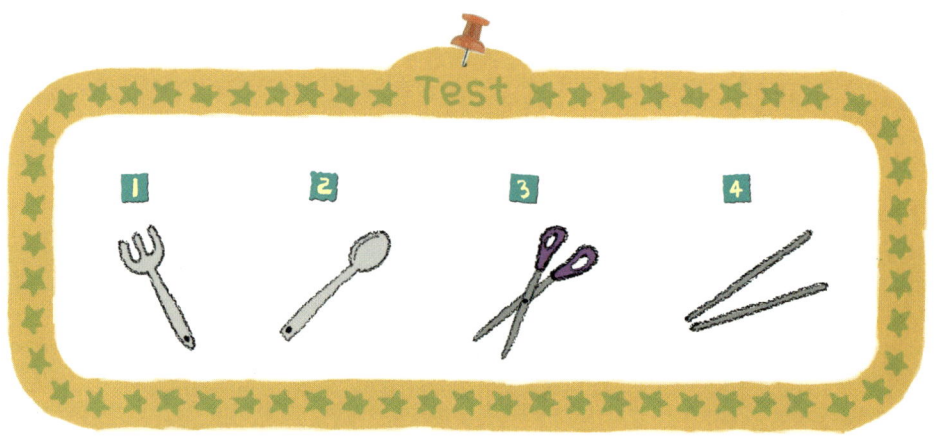

위와 같은 문제를 풀 때는 **다른 생각 하지 말고 일단 기준을 세워.**
예를 들어 먼저 '어디에 쓰이는 물건들일까?' 라는 기준을 세우는 거야.
그럼 포크나 숟가락, 젓가락은 밥을 먹는 데 쓰이는 물건이라는 걸
금방 알 수 있을 거야.
반면에 가위는 뭔가를 자를 때 쓰이는 물건이니까 답은 당연히
3번 가위가 되겠지.
기준을 세울 때는 사물의 모양에 지나치게 신경 쓸 필요 없어.
그보다는 사물들이 어디에 어떻게 쓰이는지, 어떤 방법으로
사용되는지 등을 종합적으로 생각해 보는 것이 더 중요하단다.
한 가지 기준을 세우고 사물들의 공통점을 찾아내는 데 익숙해지면,
여러 각도에서 공통점을 동시에 생각해 보는 연습도 해 보렴.

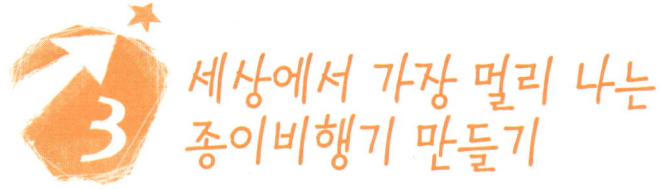

3 세상에서 가장 멀리 나는 종이비행기 만들기

어느 날 선생님이 학생들에게 세상에서 가장 멀리 나는 종이비행기를 만들어 보라고 했어.

그러자 학생들은 너도나도 신이 나서 종이비행기를 만들었지.

날개를 넓게 만들기도 하고, 앞쪽을 뾰족하게 만들어 보기도 하면서 학생들은 속으로 제각각 자기가 접은 종이비행기가 가장 멀리 날 거라고 생각했단다.

잠시 후, 학생들은 일제히 여러 모양의 종이비행기를 날렸어.

하지만 대부분의 종이비행기는 멀리 날아가지 못하고 날아가는 도중에 아래로 곤두박질치고 말았지.

그러자 선생님은 "모두 형편없는 종이비행기들이로군. 그럼 내가 세상에서 가장 멀리 나는 종이비행기를 보여 주마."라고 말한 뒤, 종이 한 장을 꾸깃꾸깃 뭉쳐서 야구공처럼 동그랗게 만들었단다.

그러고는 그 종이 뭉치(아니 종이비행기)를 힘껏 날렸지.

물론 선생님이 만든 그 종이비행기가 가장 멀리 날아갔다는 건 두말할 필요도 없겠지?

학생들은 왜 모두 세상에서 가장 멀리 날아가는 종이비행기를 꼭 비행기 모양으로 만들려고 했을까?

그건 바로 고정관념 때문이란다.

머리가 좋아지고 싶니?
그럼 고정관념을 버리고 네 나름대로의 눈으로
세상을 바라보렴.
자기 나름대로의 생각을 할 줄 모르는 아이는 절대 머리가
좋아질 수 없단다.

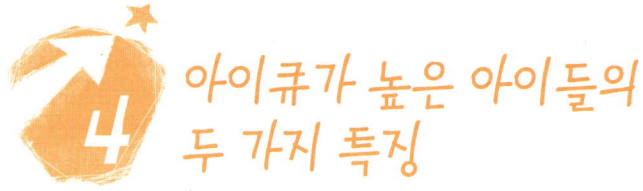

4 아이큐가 높은 아이들의 두 가지 특징

흔히 머리가 좋은 아이들은 어떤 특별한 능력을 가지고 태어났다고
생각할 거야.
하지만 천재라고 해서 어떤 특별한 능력을 가지고 태어나는 건 아니란다.
다만 아이큐가 높은 아이들은 다른 아이들에게서 찾아볼 수 없는
몇 가지 특징을 가지고 있지.
첫째, 머리가 좋은 아이들은 항상 호기심 가득한 눈을 하고 있어.
너는 얼마나 많은 호기심을 가지고 있니?
호기심은 잠들어 있는 머리를 자극해서 끊임없이
움직이게 하는 중요한 역할을 해.
예를 들어 네가 지금 갑자기 게임에 대해 참을 수 없을 정도로
강한 호기심이 생겼다고 하자.
그럼 며칠 뒤면 너는 분명 지금보다 게임을 잘하게 될 거야.
게임에 대한 호기심을 해결하려고 노력하다 보니까 자연스럽게
게임을 하는 쪽으로 머리가 발달하게 되는 거지.
둘째, 아이큐가 높은 아이들은 감동할 줄 아는 마음을 가지고 있어.
한 유명한 음악가는 어느 날 시냇물 흘러가는 소리를 듣고
감동한 나머지 명곡을 작곡했다고 해.
감동하는 마음을 길러 보렴.
네가 만일 오늘 아름다운 별을 보고 감동했다고 생각해 보자.
그럼 너는 분명 별에 대해 관심을 가지게 될 거고,

얼마 후에는 그 누구보다도 별에 대해 잘 알게 될 거야.
되도록 많은 것에 대해 호기심을 가지렴.
그리고 감동할 줄 아는 사람이 되렴.
그렇게 하면 너는 곧 네 안에 잠들어 있는 아이큐를 깨울 수 있을 거야.

호기심을 자라나게 하는 놀이

1. 버스나 지하철을 탔을 때 사람들의 신발만 보고 그 사람에 대해 상상을 해 보자.
   (예를 들어 그 사람이 남자일까 여자일까? 혹은 가난한 사람일까 부자일까?
   머리가 긴 사람일까 짧은 사람일까? 등등)
2. 학교에서 집까지 몇 걸음에 갈 수 있는지 발자국 숫자를 세어 보자.
3. 내 그림자가 어떻게 변하는지 지켜보자.
   (예를 들어 껑충 뛰어올라도 보고 털썩 주저앉아도 보자.
   그때 내 그림자가 어떤 모양을 하는지 지켜보자.)

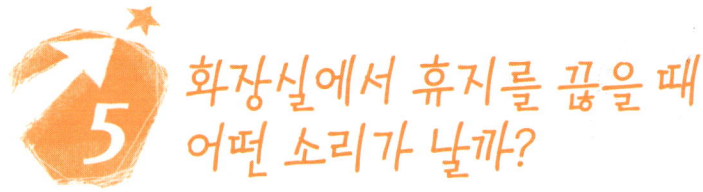

5. 화장실에서 휴지를 끊을 때 어떤 소리가 날까?

국어사전에서 '지각'이란 단어를 찾아보렴.

그럼

'지각 : 감각 기관을 통하여 사물을 인식하는 작용, 또는 그 작용에 의해 머릿속에 떠오르는 것.' 이라고 설명되어 있을 거야.

쉽게 말해 지각 능력은 감각 기관을 통해 얻어진다는 뜻이지.

그럼 감각 기관이라는 건 또 뭘까?

감각 기관이란 우리 몸의 코, 눈, 혀, 귀, 피부 등을 말해.

즉, 코로 냄새를 맡는 후각, 눈으로 보는 시각,

혀로 맛을 보는 미각, 귀로 듣는 청각, 피부로 느끼는 촉각,

이 다섯 가지를 오감이라고 한단다.

그렇다면 이 감각 기관이 발달하지 않으면 지각 능력은 떨어지는 걸까?

당연하지.

쉬운 예로 장님을 생각해 보자.

장님은 시각을 잃었기 때문에 사물이 어떻게 생겼는지를 알 수 없어.

즉, 장님은 다른 사람들보다 시각 능력이 매우 떨어진다고 할 수 있지.

자, 그럼 이제 너의 감각 기관은 얼마나 발달되어 있는지

확인해 보자.

감각 기관 능력 테스트
느껴지는 정도에 따라 동그라미를 쳐 보세요.

1 화장실에서 휴지를 끊을 때 어떤 소리가 날까요?

(분명하게 느껴진다.   희미하게 느껴진다.   모르겠다.)

2 밥을 먹다 돌을 씹었을 때의 느낌은 어떤가요?

(분명하게 느껴진다.   희미하게 느껴진다.   모르겠다.)

3 그네를 타면서 놀이터를 보면 놀이터가 어떻게 보이나요?

(분명하게 느껴진다.   희미하게 느껴진다.   모르겠다.)

4 얼음을 만지면 손이 얼마나 시릴까요?

(분명하게 느껴진다.   희미하게 느껴진다.   모르겠다.)

어때? 느낌이 머릿속에 아주 분명하게 떠오르니?
그렇다면 너는 분명 감각 기관이 무척 발달되어 있는 아이란다.
아프리카 칼라하리의 원주민들은 동물의 발자국만 보고 그 동물의
크기, 성별, 심지어 그 동물이 지금 어떤 기분인지까지도
알아낼 수 있다고 해.
또 에스키모 인들은 하늘에서 내리는 눈을
열 가지 이상으로 구분한다고 하지.
인간은 누구나 이러한 지각 능력을
가지고 태어나.
다만 계발하지 않고 있기 때문에
그런 능력이 있는지 모르고
있을 뿐이란다.
이제부터라도 감각 기관을
섬세하게 계발해 보렴.

6 감각을 키우는 놀이를 해 보자

지각 능력을 키우기 위해 친구들과 함께 감각을 키우는 놀이를 해 보는 것도 재미있을 거야.

감각을 키우는 놀이

1 무슨 맛이지?

물이나 우유, 주스, 탄산 음료 등을 준비한다. 그리고 눈과 코를 막고 조금씩 먹어 본다. 그런 다음 어떤 음료인지를 맞힌다. 코를 막고 눈을 가렸을 때와 그렇게 하지 않았을 때 맛이 어떻게 다른지도 생각해 본다.

2 무슨 소리지?

이번엔 눈을 가린 채 귀로 무슨 소리가 나는지를 맞혀 보자. 다른 사람은 책상을 손바닥으로 친다거나, 책을 들었다 놓는다거나, 지우개로 뭔가를 지운다거나 하는 여러 가지 소리를 내서 상대방에게 들려준다. 눈을 뜨고 있을 때와 청각만 사용했을 때가 어떻게 다른지 비교해 본다.

3 어떤 물건이지?

눈을 감고 촉감만으로 사물을 알아맞히는 놀이를 해 보자. 사물의 어느 한 부분만 만져 보고 어떤 사물인지를 맞힐 수 있다면 더욱 좋다. 익숙해지면 눈을 감고 뺨이나 발바닥 등으로 사물을 맞히는 데 도전해 보자.

물론 한 가지 감각 기관만을 통해서 어떤 사물인지를 알아맞히기는 쉽지 않을 거야.
그렇지만 **감각을 키우는 놀이를 자주 해 보면 둔해진 우리의 감각 기관을 섬세하게 발달시킬 수 있단다.**

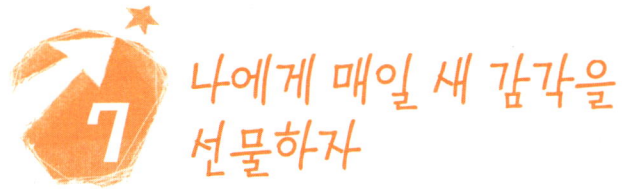
나에게 매일 새 감각을 선물하자

몇십 년 전까지만 해도 비둘기는 편지를 배달해 주는 우체부 역할을 했어.
그 당시 비둘기들은 아주 먼 거리까지 날아갈 수 있었지.
하지만 요즘 비둘기들은 어떠니?
사람들 주변을 어슬렁거리며 먹이를 쪼아 먹으려고만 하고,
멀리 날려고는 하지 않지.
비둘기들이 지금처럼 날개를 쓰지 않으면 언젠가는 오리나 닭처럼
날지 못하는 날짐승이 될지도 몰라.
우리 몸의 감각 기관도 이와 마찬가지야.
네가 생각하는 것보다 너는 훨씬 뛰어난 감각을 가지고 있단다.
하지만 쓰지 않으면 점점 그 기능을 잃어버려 평범해지고 말 거야.
오늘부터 너 스스로에게 하루에 한 가지씩만 숙제를 내 주자.
예를 들어 "오늘은 뭔가 하나라도 다른 사물을 바라보자."라는
숙제를 내 주는 거야.
그리고 평소에는 보지 않던 새 둥지를 바라본다거나,
동네 빵집 간판을 바라본다거나, 전봇대를 바라본다거나 해 보자.
또는 "오늘은 색다른 소리를 하나라도 들어 보자."라고 숙제를 내 주자.
그리고 귀를 기울이면 분명 평소에는 들리지 않던 새 소리라든가,
비행기 소리 같은 것들이 들릴 거야.
이런 식으로 너에게 매일 새 감각을 선물해 보자.
그리고 하나씩이라도 매일 새롭게 사물을 느껴 보자.

오늘은 이런 숙제를 해 보자

1. 오늘은 평소에는 만져 보지 못한 사물을 만져 보자.
2. 오늘은 열 손가락으로 바람을 느껴 보자.
3. 오늘은 흙과 콘크리트가 어떻게 다른지 밟아 보자.
4. 오늘은 우리 동네에서 가장 먼 곳을 바라보자.

나에게 새 감각을 선물하자! 난 소중하니까. 우하하하하~

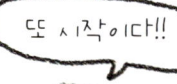

또 시작이다!!

사물을 사방팔방으로 바라보면 머리가 좋아진다

Test

전화기는 어떻게 생겼을까요?

맞으면 O표, 틀리면 X표 해 보세요.

1. # 표시는 오른쪽 맨 밑에 있어요.

2. 왼쪽 줄에 있는 숫자는 3, 6, 9예요.

3. 가정용 전화기와 핸드폰의 숫자 배열은 달라요.

4. 가정용 전화기와 전자 계산기의 숫자 배열은 달라요.

5. 전화기 버튼의 숫자는 총 아홉 개예요.

모르긴 몰라도 약간 헷갈렸을 거야.

너는 문제를 풀면서 이런 생각을 했을지도 몰라.

'그동안 수없이 보아 온 전화기의 숫자 배열이 왜 이렇게 헷갈릴까?' 하고 말이지. 정말 왜 그럴까?

그건 너도 모르는 사이에 사물을 항상 한쪽 방향으로만 바라보고 있기 때문이란다.

Test

가슴에 손을 얹고 솔직하게 풀어 보는 문제

해당하는 내용에 ○표를 하세요.

1. 나는 10원짜리 동전의 옆면을 바라본 적이 세 번 이상 있습니다.

2. 나는 병 밑바닥을 본 적이 세 번 이상 있습니다.

3. 나는 스탠드의 밑바닥을 본 적이 세 번 이상 있습니다.

4. 나는 숟가락이나 젓가락 끝을 위에서 아래로 내려다본 적이 세 번 이상 있습니다.

옆의 문제에서 동그라미를 몇 개나 쳤니?
아마 하나도 못 친 아이들이 있을 거야.
그만큼 너는 사물을 한쪽 방향으로만 보는 데
익숙해져 있는 거란다.
그래서 사물의 전체적인 모습이나 특징을 잘 모르고 있는 거지.
한번이라도 전화기를 거꾸로 돌려놓고 관찰해 보렴.
그럼 전화기의 숫자가 어떻게 배열되어 있는지를 금방 알 수 있을 거야.
잠깐이라도 다른 각도에서 사물을 보니까 평소에는 보이지 않던
사물의 특징이 눈에 쏙 들어오는 거지.

이제부터는 사물을 한쪽 방향으로만 바라보지 말고
사방팔방으로 바라보렴.

그러면 그동안 네가 느끼지 못했던 많은 사실을 새롭게 발견할 수
있을 거야.

♠29쪽 문제 정답 : 1-○, 2-×, 3-×, 4-○, 5-×

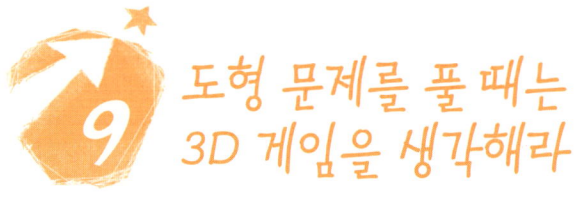

도형 문제를 풀 때는 3D 게임을 생각해라

3D 게임을 해 본 적이 있니?
해 봤다면 3D 게임이 얼마나 재미있는지 잘 알 거야.
그런데 왜 3D 게임이 보통 게임보다 훨씬 재미있는 걸까?
그건 게임 속에 등장하는 캐릭터들이나 사물들이 모두 입체적이기 때문이 아닐까.
아이큐를 테스트하는 문제 중에는 도형이 어떻게 생겼는지, 그림 속에 몇 개의 도형이 있는지 등을 물어보는 문제들이 많아.
예를 들면 바로 이런 문제들이지.

나무 토막 세기
이 그림에는 주사위 모양의 나무 토막이 몇 개 있을까요?

이런 문제를 풀 때 가장 신경을 써야 하는 건 보이지 않는 부분
(가려져 있는 부분)까지 세야 한다는 거야.
이때 보이지 않는 부분을 세려면 보이는 부분에서 힌트를 얻어야 해.
먼저 보이는 부분을 보면서 전체 구조를 미루어 짐작하는 거지.
이 정도면 지각 능력 문제 중에서 약간 까다로운 문제라고 할 수 있어.
하지만 네가 보통 수준의 아이큐를 가지고 있다면 이 정도는
쉽게 풀 수 있어야 해.
어려운 문제 중에는 회전시킨 도형의 차이를 찾아내라는 문제도 있단다.

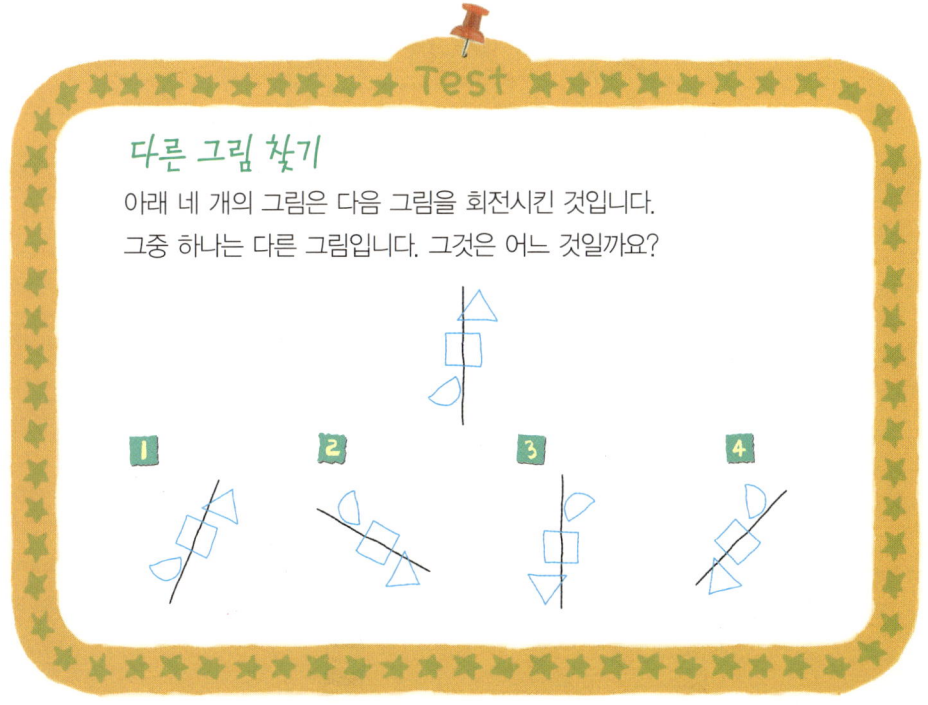

다른 그림 찾기
아래 네 개의 그림은 다음 그림을 회전시킨 것입니다.
그중 하나는 다른 그림입니다. 그것은 어느 것일까요?

앞으로 이런 도형 문제를 풀 때는 3D 게임을
하고 있다고 생각하렴.
그럼 3차원의 공간에서 문제를 보고 있는 너를 상상할 수 있을 거야.
그렇게 하면 평면에 그려져 있는 도형을 보고 문제를 풀 때보다
훨씬 쉽게 풀 수 있단다.

♠32쪽 문제 정답 : 왼쪽 – 12개, 오른쪽 – 10개   ♠33쪽 문제 정답 : ④

10 팬티를 빨아서 널어 보자

지각 능력을 알아보는 아이큐 테스트에서 가장 흔히 만나게 되는 문제는 뭘까?
바로 "이 그림은 어딘가 이상하지요? 뭔가 모자라는 점이 있는 것 같습니다. 잘 보고 무엇이 모자란지 맞혀 보세요."라는 식의 문제란다.

물론 토끼 귀와 돼지 콧구멍이 하나 없다는 정도는 쉽게 알 수 있겠지?
하지만 이렇게 쉬운 문제만 나오면 얼마나 좋겠어.

이 문제는 앞의 문제보다 조금 어려울 거야.
그렇지만 자세히 살펴보면 금세 빠진 부분을 찾아낼 수 있을 거야.

그래! 그림 속 사람의 눈썹을 자세히 보렴.

한쪽 눈썹이 없는 게 보이지?

이런 문제를 풀기 위해서는 사물을 네 손으로 직접 만져 보고,

피부로 느껴 보는 것이 중요하단다.

오늘부터 하루에 한 가지씩 그동안 해 보지 않은 새로운 경험을 해 보자.

예를 들어 엄마를 도와 설거지를 해 보자.

그럼 너는 분명 네가 설거지한 그릇들이 어떻게 생겼는지 확실하게

알게 될 거야.

또는 네가 입은 팬티를 직접 빨아서 널어 보자.

그럼 너는 분명 네가 입고 다니는 팬티가 어떤 색깔인지,

팬티에 어떤 무늬가 있는지 등을 한 번 더 보게 될 거고,

네 팬티에 대해 확실하게 알게 될 거야.

이런 식으로 매일 하루에 한 가지씩만 새로운 경험을 해 보렴.

그럼 1년이면 365개의 새로운 경험을 하게 될 거야.

더불어 365개의 새로운 지각 능력이 생기는 셈이지.

뭐든 좋아.

지금까지 네가 안 해 본 그 무엇을 하루에 한 가지씩만 해 보는 거야.

어떤 사물의 특징을 머릿속으로만 생각하면 금방 잊어버릴 수 있어.

하지만 한 번이라도 직접 피부로 느껴 본 사물의 특징이나 생김새는

영원히 잊어버리지 않는 법이란다.

놀면서 머리가 좋아지는 법

밖에서 신나게 뛰어 놀면서 아이큐를 높이는 방법이 있어.
놀면서 머리가 좋아질 수 있다고 하니까 눈이 번쩍 뜨이지?
단 놀이를 하러 밖으로 나가기 전에 우선 이 문제를 풀어 보자.

Test

머릿속으로 우리 동네 지도 만들어 보기

1 자동차 교통 신호등은 몇 가지 색깔로 되어 있을까요?

2 공중 전화기에 동전 넣는 구멍은 어느 쪽에 있을까요?

3 우리 집 주위에 가장 가까운 전신주는 어디에 있을까요?

4 우리 집 주변에는 어떤 가게들이 있을까요?

5 우리 학교 정문은 어떤 모양을 하고 있을까요?

자, 문제를 다 풀어 봤으면,
이제 천천히 동네를
걸어다니면서 확인해 보렴.
아마 맞은 것도 있고,
틀린 것도 있을 거야.
물론 틀렸다고 실망할 필요는 없어.
오히려 틀린 것들을 더 오래 기억하게
될 테니까 말이지.
이 놀이는 친구와 함께 하면 더 재미있어.
친구와 네가 각각 따로 문제를 내는 거야.
그런 다음 네가 낸 문제는 친구가 풀어 보고,
친구가 낸 문제는 네가 풀어 보렴.
그리고 문제를 다 풀었으면 신나게 동네를
돌아다니면서 친구와 함께 정답을 확인해 보는 거야.

**이 놀이를 여러 번 해 보면 사물을 바라보는
지각 능력이 커지는 걸 분명하게 느낄 수 있을 거야.**

놀이에서 이기기 위해서 온 동네를 돌아다니면서 사물의 특징을
꼼꼼히 살펴보는 것도 좋아.
물론 그렇게 하면서 친구가 도저히 맞히지 못할 문제를 생각해 내는 것도
재미있겠지.

1. 장소법으로 기억하기 | 2. 금붕어에게 어항이 바다와도 같은 까닭

3. 기억력을 단단하게 만드는 법 | 4. 리듬을 타면 저절로 외워진다

5. 한 번 들은 이야기 절대 잊어버리지 않는 법 | 6. 근육도 자꾸 쓰면 강해지는 것처럼

7. 머릿속 도화지에다 그림을 그려라 | 8. 나만의 기억 지도를 만들어라

9. 놀면서 기억력 높이기 | 10. 길을 걸으면서 공부하는 법

11. 기억의 한계에 도전한다 | 12. 무의식의 뇌를 열어라

기억력 높이기

2

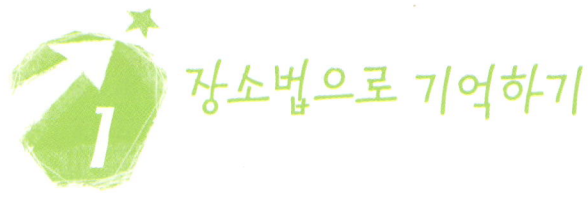
1 장소법으로 기억하기

지금 학교에 가려고 현관 문을 열고 나왔다고 하자.
그런데 준비물을 깜박 잊고 나왔지 뭐야.
이럴 경우 누구나 준비물을 어디에 두었는지 기억이 나지 않아서
발을 동동 굴러 본 적이 있을 거야.
앞으로 이럴 때는 장소법을 사용해 봐. 고대 그리스 인들은
기억력을 계발하기 위해 장소법을 사용했단다.
장소법이란 말 그대로 어느 한 장소에서
일어난 일을 통째로 기억하는 방법이야.
준비물을 잊어버리고 집을 나왔을 경우, 네가 현관문 앞으로
나오기까지 지나온 장소들을 거꾸로 거슬러 올라가는 거지.
그러면서 그 장소에서 네가 무엇을 했는지 기억해 보는 거야.
이처럼 장소를 중심으로 생각해 보면 준비물을 어디에 두었는지를
기억해 낼 수 있을 거야.
장소법을 자주 사용하면 기억력을 발전시킬 수 있어.
어느 장소에 가면 그곳에서 있었던 일을 다시 한 번 생각해 보는 거지.
만일 네가 놀이터에 자주 간다면 놀이터에 갈 때마다,
지난번 놀이터에서 있었던 일들을 되새겨 보는 거야.
그렇게 함으로써 너는 놀이터에서 일어난 일들은 절대 잊어버리지
않게 될 거야.

장소법으로 기억을 발전시키는 방법

1. 친구들에게 네가 겪은 이야기를 들려줄 때 장소를 중심으로 들려준다.
2. 어떤 장소를 가면 그 장소에서 일어난 일을 다시 한 번 떠올려 본다.
3. 잠자리에 들기 전에 하루 동안 있었던 일을 장소에 따라 되새겨 본다.

2. 금붕어에게 어항이 바다와도 같은 까닭

금붕어는 매일 좁고 답답한 어항 속을 뱅글뱅글 돌아다니고 있어.
그런데 금붕어는 전혀 답답해하지 않는다고 해.
아니 답답해하기는커녕 금붕어에게는 어항이 바다처럼 넓어 보인다고 해.
기억력이 0.3초밖에 안 되기 때문이지.
그 때문에 금붕어는 자기가 방금 지나간 곳도 금방 까먹는 거야.
결국 금붕어의 눈에는 조금 전에 지나간 곳도 처음 와 보는 곳처럼
보이는 거지.

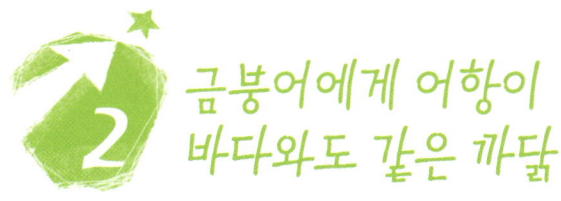

이런 금붕어가 시험을 본다면 어떻게 될까?

말할 것도 없이 빵점이겠지.

공부를 할 때 가장 기본이 되는 건 바로 기억력이야.

전에 비슷한 문제를 푼 적이 있더라도 그것을 기억하고 있지 않으면 아무 소용이 없을 테니까 말이지.

다시 말해 기억력이 나쁘면 공부를 못하는 건 물론이고 날마다 똑같은 잘못을 되풀이하게 될 거야.

아이큐를 높이기 위해서는 가장 먼저 기억력을 키워야 한단다.

일석이조 기억력 향상법

1. 엄마와 함께 장 보러 갈 때 뭘 사야 하는지 장보기 리스트를 외워서 엄마에게 알려 준다.
   (기억력도 높이고 엄마에게 칭찬을 들을 수 있다.)

2. 친구들의 전화번호나 생일을 모두 외운다.
   (친구들의 생일을 기억해 주면 친구들에게 인기를 얻을 수 있다.)

3. 좋아하는 노래 가사를 외운다.
   (노래 가사를 외우는 연습을 많이 하면 기억력이 크게 좋아진다.)

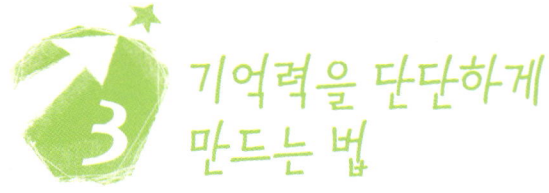

3 기억력을 단단하게 만드는 법

누구나 한번쯤은 어떡하면 더 효과적으로 기억력을 높일 수 있을까 생각해 봤을 거야.
너 역시 기억력을 키우기 위해 여러 방법을 써 봤겠지.
하지만 반복하는 것만큼 기억력을 키우는 데 효과적인 방법이 또 있을까?
뭐든 자꾸 반복하면 외울 수 있단다.
예를 들어 네가 외우고 있는 전화번호를 생각해 보자.
너는 친구들의 전화번호를 어떻게 외우게 되었을까?
자꾸 반복해서 전화번호를 누르다 보니까 저절로 외울 수 있게 된 게 아닐까?
반복은 기억력을 높이는 데 분명 큰 효과가 있어.
그렇다면 어떤 방법으로 반복하는 게 좋을까?
예를 들어 네가 지금 영어 단어를 외운다고 하자.
반복하랬다고 해서 똑같은 단어를 한꺼번에 열 번 반복해서 외우면 외워질까?
그렇게 하면 별 효과가 없을 거야.
반복을 할 때는 시간을 점점 늘려 가면서 하는 게 좋아.
만약 지금 영어 단어를 외웠다면, 한 시간 후에 다시 한 번 보는 거지.
그리고는 다음 날 다시 한 번 보는 거야.
이런 식으로 일주일 후, 이 주일 후, 한 달 후……
조금씩 시간을 늘려 가면서 외워 보렴.
이렇게 시간을 늘려 가면서 반복하면 나중에는 일 년에 한 번만 봐도 쉽게 기억할 수 있을 거야.

기억력을 단단하게 해 주는 음식

1. 비타민 A와 C, 그리고 비타민 E가 풍부하게 들어간 음식이 뇌 건강에 도움을 준다. 귤, 바나나, 시금치, 오렌지, 고추 등 색깔이 짙은 과일이나 야채에 많이 포함되어 있다.

2. 생선을 많이 먹어라. 생선은 뇌의 건강에 매우 중요하여 흔히 '머리가 좋아지는 음식' 이라고 불린다. 최소한 일주일에 두 번 정도는 생선을 먹어야 기억력이 좋아진다.

4 리듬을 타면 저절로 외워진다

Test

다음 숫자를 1분 동안 잘 보고 외우세요.
그리고 5분 후에 정확히 되풀이해 보세요.

1. 4 - 8 - 3 - 2 - 6 - 1
2. 5 - 4 - 6 - 3 - 7 - 2
3. 7 - 4 - 9 - 0 - 6 - 5

멍하게 쳐다보지만 말고, 일단 한 번 해 보자고.
우선 숫자들을 순서대로 1분 안에 외우고 5분 동안 다른 일을 하는 거야.
그런 다음 눈을 감고 숫자를 정확하게 되풀이해 보는 거지.
어때? 열다섯 개의 숫자를 모두 정확하게 되풀이할 수 있었니?
자, 그럼 이번에는 끝에서부터 거꾸로 외워 보자.
예를 들어 네가 4-8-3-2-6-1이라는 숫자를 외웠다면
1-6-2-3-8-4라고 말하면 되는 거야.
아마 순서대로 외우는 것보다는 좀 더 어려울 거야.

하지만 한 가지 방법만 알고 있으면 아주 쉽게 숫자를 외울 수 있단다.
바로 리듬을 타는 거지.
예를 들어 5-4-6-3-7-2라는 숫자를 외울 때,
'산토끼 토끼야'라는 가사 대신 숫자를 넣어 불러 보는 거야.
그럼 단순하게 숫자를 외울 때보다 훨씬 쉽게 머릿속에 저장할 수 있단다.

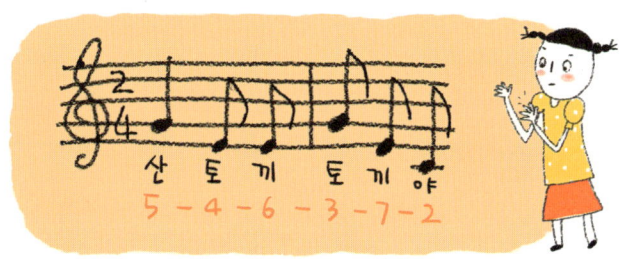

좀 더 쉽게 숫자를 외우고 싶으면 리듬을 타면서 숫자를 하나의
'덩어리'로 만들어 보렴.
이렇게 숫자를 하나의 덩어리로 만들어 놓으면 오랜 시간이 지난 다음에도
기억할 수 있어.
이렇게 숫자나 문장을 덩어리로 만들어서 외우는 건 새로운 방법이 아니야.
누구나 알파벳을 외울 때는 이런 방법을 쓰고 있단다.
알파벳 26자를 아무런 리듬도 없이 그냥 쭉 외우기는 너무 힘이 들 거야.
그렇지만 알파벳을 여덟 개의 덩어리로 만든 다음, 리듬을 타면서 외우면
훨씬 쉽게 외울 수 있을 거야.

〈세상 모든 아이들이 영어 알파벳을 외우는 방법〉
ABCD / EFG / HIJK / LMN / OPQR / STU / VW / XYZ

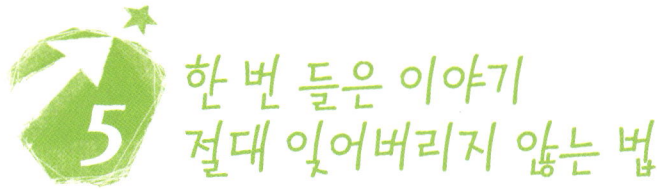
한 번 들은 이야기 절대 잊어버리지 않는 법

아이큐를 테스트하는 문제 중에는 이야기를 들려준 다음, 그 이야기를 그대로 해 보라고 하는 문제가 있어.

제목 : 실패한 배 도둑

어느 추운 겨울날 아침, 두 아이가 큰 정원 옆을 걸어가고 있었습니다. 그 정원 한가운데에는 큰 배나무가 있었습니다. 배나무의 가지에는 노란 배가 주렁주렁 열려 있었습니다. 두 아이는 배가 먹고 싶어 울타리를 넘으려고 했습니다. 그런데 바로 그때 무서운 개 짖는 소리가 들려왔습니다. 아이들은 걸음아 나 살려라 도망쳤습니다.

(딱 한 번만 읽어 보세요.)

자, 이제 눈을 감고 이 이야기를 되풀이해 보자.
짧은 이야기지만 아무런 요령도 없이 무턱대고 외우기는
쉽지 않을 거야.
지금부터 긴 이야기든 짧은 이야기든 정확하게 외우는 방법을
알려 줄 테니까 눈 똑바로 뜨고 책을 보렴.
일단 이야기를 외울 때는 문장 자체를 외우려고 하지 마.
아무리 머리가 좋아도 문장 자체를 모두 달달 외우기는 힘들단다.

그보다는 **육하 원칙(누가, 언제, 어디서, 무엇을, 왜, 어떻게)을 생각하면서 이야기를 들어 봐.**
네가 만약 위의 이야기를 육하 원칙을 생각하면서 들었다면 이렇게 요점을 정리할 수 있을 거야.

〈실패한 배 도둑〉을 육하 원칙에 따라 들었을 때

누가	두 아이가
언제	어느 추운 겨울날 아침
어디서	정원에서
무엇을	배를 따먹으려고
왜	배가 고파서
어떻게	울타리를 넘어서

그리고 또 하나 꼭 기억해야 할 것은 이야기를 들으면서 사건의 장면을 머릿속으로 그려 보는 거야.
예를 들면 아이들이 정원 옆을 걸어가는 장면, 울타리를 넘으려는 장면……, 이런 식으로 말이지.

그럼 이제 머릿속으로 그린 그림 위에다 육하 원칙에 따라
정리한 내용을 덧붙여 보렴.
그렇게 하면 네가 들은 이야기를 완벽하게 기억해 낼 수 있을 거야.

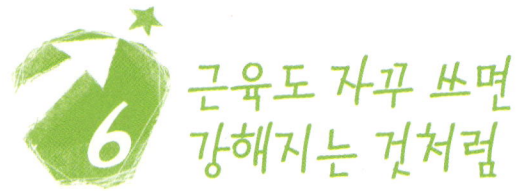
근육도 자꾸 쓰면 강해지는 것처럼

수영 선수들은 어떻게 그런 멋진 근육을 갖게 되었을까?
날마다 꾸준히 훈련을 했기 때문에 그런 멋진 근육을 만들 수 있었을 거야.
마찬가지로 머리도 날마다 꾸준히 훈련을 해야 발달한단다.
더군다나 우리 몸의 근육을 발달시키는 것에는 한계가 있지만
머리에는 한계가 없어.
노력하면 할수록 끝없이 발달할 수 있지.
천재 과학자 아인슈타인도 겨우 5% 정도밖에 자신의 뇌를 사용하지
못하고 죽었다고 하잖아.
기억력을 높이는 방법에는 여러 가지가 있어.
그중에서 누구나 마음만 먹으면 지금 당장 할 수 있는 방법 하나를 소개할게.
바로 잠자리에 들기 전에 5분 정도 하루 동안
있었던 일을 떠올려 보는 거야.
아침에 일어나서 잠자리에 들기 직전까지 어떤 일이 있었는지를
하나 하나 생각해 보는 거지.
'정말 그렇게 간단한 방법으로 기억력이 좋아질까?' 하고 생각하고
있는 아이들이 있을 거야.
그렇다면 다음 문제를 지금 한번 풀어 보렴.
그리고 기억력을 높이는 훈련을 한 달 동안만 해 본 다음
다시 한 번 풀어 보렴.
그럼 너도 깜짝 놀랄 정도로 기억력이 강해졌다는 걸 느낄 수 있을 거야.

1분 동안 다음 도형을 잘 보세요.
그리고 책을 덮고 똑같이 그려 보세요.

머릿속 도화지에다 그림을 그려라

성냥개비로 기억력 높이기

1. 성냥개비 스물한 개를 준비하세요.
2. 다음 도형을 1분 동안 주의 깊게 보세요.
3. 다 봤으면 책을 덮고, 준비한 성냥개비로 다음 도형을 똑같이 만들어 보세요.

사람의 뇌는 오른쪽 뇌와 왼쪽 뇌로 나뉘어 있어.
이 중 오른쪽 뇌는 음악을 듣거나 그림을 그리는 일 등 주로
창조적인 일을 담당하고 있지.
반면에 왼쪽 뇌는 구구단을 외운다거나, 듣기나 말하기 등을 주로
담당하고 있단다.
따라서 무엇인가를 기억하는 일은 왼쪽 뇌에서 주로 담당한다고
볼 수 있지. 하지만 왼쪽 뇌만으로는 한계가 있어.
옛말에 "백지장도 맞들면 낫다."라는 말이 있듯이 무슨 일이든
서로 도우면 좀 더 쉬워지는 법이란다.
기억력도 마찬가지야.
왼쪽 뇌만 사용해서 기억하려고 하지 말고, 오른쪽 뇌의 힘을 빌려 보자.
옆의 문제와 같은 걸 풀 때는 머릿속 도화지에다 도형을 그려 보렴.
그렇게 하면 그냥 무작정 외우려고 할 때보다 훨씬 더 오래 도형을
기억해 낼 수 있을 거야.

**오늘부터 머릿속 도화지에다 그림을 그리는
연습을 해 보자.**

그림을 그릴 때는 이왕이면 한 가지 주제를 정하는 게 좋아.
예를 들어 과일, 학용품, 친구들의 얼굴 등을 주제로 정한 다음
그것들을 모두 머릿속으로 그려 보는 거지.

이런 연습을 많이 해 보면 나중에 어떤 새로운 사물을 보더라도, 그 모양을 쉽게 기억해 낼 수 있을 거야.

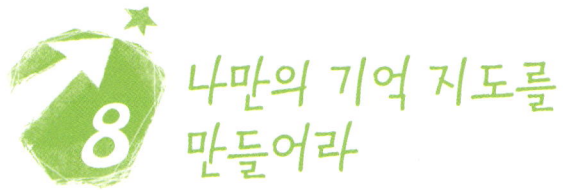
8 나만의 기억 지도를 만들어라

Test

기억력 테스트 1

꽃 이름 다섯 개, 숫자 다섯 개가 있습니다.
잘 보고 1분 동안 외우세요.

1. 장미
2. 개나리
3. 민들레
4. 나팔꽃
5. 호박꽃

6. 35
7. 12
8. 67
9. 3
10. 91

이제 다 외웠으면 〈기억력 테스트 2〉로 넘어가서 네 기억력이 얼마나 좋은지 확인해 보자.

기억력 테스트 2

〈기억력 테스트1〉에서 외운 꽃 이름과 숫자는 다음 중 어느 것입니까?

- ❶ 물망초
- ❷ 국화
- ❸ 장미
- ❹ 제비꽃
- ❺ 호박꽃
- ❻ 수선화
- ❼ 개나리
- ❽ 아네모네
- ❾ 카네이션
- ❿ 민들레
- ⑪ 벚꽃
- ⑫ 안개꽃
- ⑬ 튤립
- ⑭ 나팔꽃
- ⑮ 과꽃

- ⑯ 34
- ⑰ 35
- ⑱ 23
- ⑲ 5
- ⑳ 12
- ㉑ 50
- ㉒ 25
- ㉓ 7
- ㉔ 67
- ㉕ 4
- ㉖ 3
- ㉗ 93
- ㉘ 11
- ㉙ 91
- ㉚ 17

자, 지금부터 숫자와 단어를 한꺼번에 쉽게 외우는 아주 특별한
방법을 알려 줄 테니까 집중하렴.
먼저 네가 영화관에 갔다고 생각하고,
영화관 좌석 배치도를 머릿속으로 그려 보자.
영화관 맨 앞 줄에는 1번부터 10번까지의 좌석이 있어.
그리고 둘째 줄에는 11번부터 20번까지의 좌석이 있지.
이런 식으로 영화관에 1번부터 100번까지의 좌석이 있다고 하자.
그럼 열 개의 줄이 머릿속에 떠오를 거야.
그런 다음 〈기억력 테스트 1〉의 숫자들을 자리에 앉혀 보렴.
맨 앞줄 세 번째에 3이라는 숫자를 앉히는 거지.
마찬가지로 두 번째 줄 두 번째에 12라는 숫자를 앉히렴.
이런 식으로 다섯 개의 숫자가 앉아야 할 곳을 머릿속으로 그리는 거야.
그런 다음 장미, 개나리 등을 숫자가 앉아 있는 곳에 함께 앉혀 보렴.
그럼 아주 쉽게 숫자도 외울 수 있고, 동시에 꽃 이름도 외울 수
있을 거야.
이렇게 머릿속에다 좌석을 만들어 놓고 외우면 그냥 입으로
달달 외울 때보다 훨씬 오래 기억에 남는단다.

9 놀면서 기억력 높이기

사진 속의 인물을 외울 때는 어떤 한 가지 특징만 정확하게
기억하는 게 요령이야.
예를 들어 개똥이라고 하는 이름을 가진 인물의 사진이 있다고 하자.
이 아이의 모습에서 가장 눈에 띄는 건 뭐니?

그래, 빨간 양말일 거야.
그럼 "개똥이는 빨간 양말을 신고 있다."라고만
외우는 거야.
그리고 또 다른 사진 속에 소똥이라는 아이가 검은
목도리를 하고 있다면, "소똥이는 검은 목도리를
하고 있다."라고 외우는 거지.
이런 식으로 **두드러진 특징과 이름을 연결해서
생각하면 쉽게 외울 수 있단다.**
간혹 친구들 이름을 외우지 못해 곤란했던 적이 있을 거야.
그럴 때는 이렇게 친구의 가장 두드러진 특징과 그 친구의 이름을
함께 묶어서 기억해 보렴.
이 방법은 공부할 때도 아주 쓸모가 있단다.
어떤 지도를 외운다거나, 어떤 그림을 외워야 할 때 눈에
가장 잘 들어오는 특징만을 콕 찍어서 외우는 거야.
그럼 시간이 한참 지난 후에도 쉽게 기억해 낼 수 있을 거야.

기억력을 키우는 놀이

1. 오래된 신문이나 잡지에서 각기 낯선 얼굴 열 명의 사진을 골라서 오려 놓는다.
2. 각 사진에 적절한 이름을 지어서 사진 뒷면에 적어 놓는다.
3. 친구가 오려서 이름을 붙인 사진과 내가 오려서 이름을 붙인 사진을 바꾼다.
4. 각자 약 3분 동안 사진 속의 얼굴과 이름을 함께 외운다.
5. 사진을 한쪽에 놓고 약 10분간 기다린다.
6. 사진을 보면서 이름을 얼마나 맞히는지 시험해 본다.

# 길을 걸으면서 공부하는 법

공부는 조용한 방에서만 하는 거라고 생각하는
아이들이 있을 거야.
하지만 꼭 그렇지만도 않단다.
길을 걸으면서도 얼마든지 공부할 수 있어.
아니 오히려 방 안에서 공부할 때보다
더 효과적일 수도 있지.
예를 들어 집에서 학교 가는 길에 구구단을
외우기로 마음먹었다고 생각해 보자.
그럼 그 길을 공평하게 8단계로 나누는 거야.
그리고 1단계에 해당하는 길을 걸어갈 때는 2단을,
2단계에 해당하는 길을 걸어갈 때는 3단을……
이런 식으로 구구단을 외우는 거지.
과학자들은 "사람은 오감을(시각, 촉각, 후각,
미각, 청각) 모두 동원하면 시각만으로 외울 때보다
훨씬 쉽게 기억할 수 있다."라고 해.
예를 들어 네가 1단계에 해당하는 길에서
매일 구구단 2단을 외우며 지나갔다고 하자.
그런데 그 1단계에 해당하는 길에 피자집이
있다고 하자.

그럼 너는 앞으로 그 피자집 앞을 지나갈 때는 분명 구구단 2단이
생각날 거야.
뿐만 아니라 어디선가 피자 냄새만 맡아도 구구단 2단이 생각나겠지.
이런 식으로 다른 것들도 외워 보렴. 우선 길의 단계를 나누고
그 단계에 해당하는 건물이 나타나면 곧 네가 외워야 할 것을 떠올리는
거지. 이렇게 길을 걸으면서 공부하면 시간도 크게 절약될 뿐 아니라,
딱딱한 책상 앞에서 공부하는 것보다 훨씬 재미있을 거야.

기억의 한계에 도전한다

다음 36가지의 그림들을 3분 동안 잘 기억해 보자.

자, 이제 기억의 한계에 도전해 보자. 다음 빈칸에는 어떤 그림이 있었을까? 친구와 함께 해 보면 더 재미있을 거야. 3분 동안 앞의 그림을 본 다음, 서로 번갈아 가면서 "안경 오른쪽에 있었던 그림은?", "1-C에 있었던 그림은?" 하는 식으로 문제를 내는 거지.

	1	2	3	4	5	6
A						
B						
C						
D						
E						
F						

기적의 기억력 향상법

1분간 아무 책이나 읽어 보자. 그리고 책을 덮고 1분 동안 읽은 문장을 글로 옮겨 보자. 이렇게 매일 함으로써 기억의 용량을 늘려 갈 수 있다.
처음에는 누구나 조금밖에 써 내지 못한다. 하지만 꾸준히 훈련을 하다 보면 깜짝 놀랄 만큼 많은 걸 기억할 수 있다.

떠오를 듯 말 듯 하면서 떠오르지 않는 것을 기억해 내는 법

1. 첫 글자를 생각해 본다. 가, 나, 다, 라 등을 떠올리면서, 이 중 어떤 음절로 시작하는 말인지 스스로에게 물어본다.
2. 그래도 안 떠오르면 억지로 떠올리려고 하지 말아라. (긴장을 풀고 다른 생각을 한다.)
3. 단, 반드시 해답이 떠오르리라는 것을 마음속 깊이 확신한다.

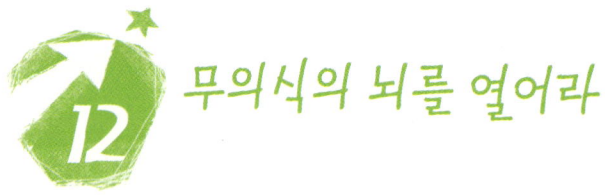

무의식의 뇌를 열어라

우리 머릿속에 무의식의 뇌가 있다는 것을 알고 있니?
무의식의 뇌 속에는 그동안 네가 저장해 놓은 모든 것들이 들어 있단다.
네가 단 한 번이라도 기억했던 것들.
예를 들어 어려운 수학 공식이라든가, 도저히 외워지지 않는
영어 단어라든가 하는 것들이 고스란히 저장되어 있다는 말이지.
간혹 도저히 불가능할 것 같은 것들을 술술 기억해 내는 천재들을
볼 수 있어.
지나간 날짜의 요일을 모두 기억한다거나, 책 한 권을 몽땅
외운다거나 하는 사람들 말이지.
이 사람들은 도대체 어떻게 그렇게 할 수 있는 걸까?
간단하게 말해 그들은 **무의식의 뇌를 사용할 줄 아는 거야.**
무의식의 뇌 속에 있는 기억을 꺼내기만 하면 되는 거지.
그런데 보통 사람들은 안타깝게도 오른쪽 뇌와 왼쪽 뇌만을 사용할 뿐,
무의식의 뇌는 사용하지 못하고 있단다.
하지만 꾸준히 노력하면 보통 사람들도 얼마든지 무의식의 뇌를
이용할 수 있다고 해.

무의식의 뇌를 깨우는 법

1. 잠들 무렵에 뭔가를 외운다. (예를 들어 영어 단어 열 개를 외운다.)
2. '나는 외울 수 있다!' 라는 자기 암시를 하면서 잠자리에 든다.
3. 아침에 일어나자마자 외운 영어 단어를 바로 써 보도록 한다.

잠들기 직전에 외운 것들은 일단 무의식의 뇌 속에 저장된다.
이렇게 무의식의 뇌 속에 저장된 기억을 아침마다 꺼내는 연습을 해 보자.
갈수록 기억의 양이 늘어나는 것을 체험할 수 있을 것이다.

1. 두 마리의 토끼를 한꺼번에 잡으려고 하지 마라 | 2. 집중력을 높이는 체조
3. 집중력 계발 훈련 1 | 4. 집중력 계발 훈련 2 | 5. 집중력 계발 훈련 3 | 6. 집중력 계발 훈련 4
7. 경쟁하는 마음을 가져라 | 8. 집중력을 계속 유지하면서 공부하는 법
9. 집중력을 기르는 명상법 | 10. 균형 감각이 좋은 아이가 아이큐도 높다 | 11. X자 생각하기

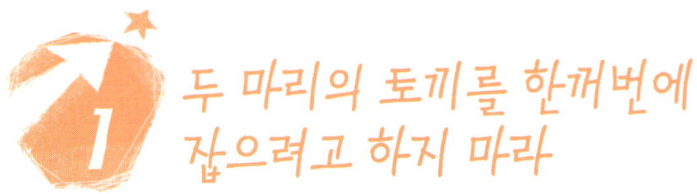

1 두 마리의 토끼를 한꺼번에 잡으려고 하지 마라

집중력이 좋은 아이와 집중력이 나쁜 아이의 차이는 뭘까?
그건 바로 어떤 한 가지 일을 주의 깊게 생각할 수 있느냐 없느냐의 차이란다.

Test

집중력 테스트

위에는 동물이 다섯 마리, 아래에는 이들 동물이 좋아하는 음식 다섯 가지가 있습니다. 동물들이 어떤 음식을 고르는지 눈으로 선을 따라가 보세요.

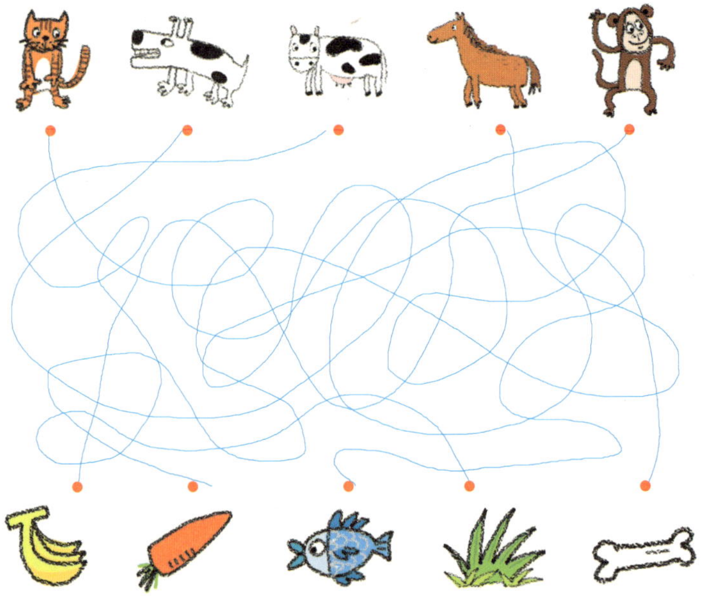

어때? 금방 찾았니?

이런 문제를 푸는 요령은 헛갈리지 않고 한 선만을 계속 눈으로 더듬어 가는 거야.

집중력이 흩어지면 손가락으로 짚으면서 찾아가도 돼.

아마 어떤 때는 손가락으로 짚으면서 더듬어 가야 하지만,

또 어떤 때는 눈으로 쉽게 선을 따라갈 수 있을 거야.

그건 네가 집중력이 강해졌다 약해졌다 하기 때문이란다.

지금쯤 너는 속으로 이렇게 묻고 있을 거야.

'그럼 집중력을 항상 강하게 하려면 어떻게 해야 하나요?' 라고 말이지.

그러려면 두 마리의 토끼를 한꺼번에 잡으려고 하면 안 된단다.

많은 아이들이 두 가지 일을 한꺼번에 할 수 있다고 생각하고 있을 거야.

그래서 어떤 아이들은 책을 읽으면서 동시에 텔레비전을 보기도 하지.

하지만 과학적으로 볼 때 두 가지 일을 동시에 하는 건 불가능하단다.

다만 정신이 두 가지 일 사이를 빠른 속도로 왔다 갔다 하고 있을 뿐이지 두 가지 모두에 집중을 하고 있는 건 아니란다.

집중력이 강해지고 싶니?
그럼 오직 한 가지 일에 100% 집중을 하렴.

♠74쪽 문제 정답 : 고양이 – 물고기, 개 – 뼈다귀, 소 – 풀, 말 – 당근, 원숭이 – 바나나

2 집중력을 높이는 체조

옛말에 '건강한 신체에 건강한 정신이 깃든다.' 라는 말이 있어.
몸이 건강해야 머리도 좋아진다는 말이지.
레오나르도 다빈치는 힘이 세기로 유명했는데,
특히 말타기나 달리기를 즐겼다고 해.
두뇌의 무게는 우리 몸무게의 3%밖에 안 되지만,
호흡을 통해 우리 몸에 들어오는 산소량의 30%나 소모한다고 해.
그러므로 두뇌 활동을 활발하게 하려면 운동으로 많은 산소를
공급해야 하는 거지.
너는 공부를 하거나 책을 읽을 때 어떤 자세를 하고 있니?
허리를 똑바로 펴고 앉아 있니?
아니면 웅크리고 있니?
많은 연구에 따르면 웅크리고 앉아 있으면 집중력이 약해진다고 해.
실제로 미국의 한 학교에서는 웅크리고 앉아 수학 문제를 풀고 있는
아이들에게 집중력을 기르는 체조를 시켰어.
그러고 난 뒤 다시 수학 문제를 풀게 했더니, 금방 정답을 찾아냈다고 해.
웅크리는 자세는 뇌에 산소 공급을 잘 해 주지 못하기 때문에
집중력을 약하게 하지.
그에 반해 올바른 자세는 머리를 맑게 해서
집중력을 강하게 해 준단다.
머리가 좋아지고 싶으면 적당한 운동을 해서 체력을 키우렴.

체력이 강해지면 모든 일을 좀 더 긍정적으로 생각하게 되고, 인내심이 증가하며, 집중력이 강해진단다.

집중력을 길러 주는 체조
이 체조를 하루에 한 번 이상 하면 집중력이 좋아진다.

1 두 손을 마주잡고 하늘을 향해 허리와 등을 쫙 편다.
 (약 20초간 멈췄다가 다시 같은 동작을 서너 번 반복한다.)

2 배를 깔고 엎드려 두 손으로 양쪽 발목을 쥐고 몸 전체를 뒤로 젖힌다. (활 같은 모양) 이때 호흡은 멈추지 말고 계속한다.
 (약 20초간 멈췄다가 다시 같은 동작을 서너 번 반복한다.)

3 벽에 양손을 대고, 두 다리의 무릎을 굽힌 뒤 힘껏 벽을 민다. 이때 한쪽 다리는 앞으로 나머지 한쪽 다리는 뒤로 해서 엇갈리게 한다. 발꿈치는 절대 들지 않는다.

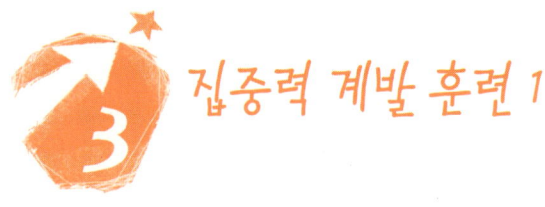

집중력 계발 훈련 1

집중력 계발 훈련이라고 하니까 '아유, 죽었다. 힘들겠다!' 라고
생각하고 있는 아이들이 있을 거야.
하지만 집중력 계발 훈련은 힘들고 귀찮은 게 아니야.
일단 한 번 해 보면 오히려 자꾸 하고 싶어질 정도로 재미있는 훈련이란다.
이 훈련은 집중력을 높일 수 있을 뿐 아니라,
마음을 편안하게 만들어 주기 때문에 공부하는 데도 큰 도움을 줄 거야.

숫자 빼기법

이 훈련은 100이라는 숫자에서부터 하나씩 또는 세 개씩 빼 가는 방식이야.
숫자를 빼는 데 집중하다 보면 누구나 다른 생각을 하지 않게 되지.
공부를 시작하기 전에 숫자 빼기법을 한번 해 보렴.
〈예〉 100-3=97, 97-3=94, 94-3=91, 91-3=88……
100에서 숫자 빼기가 익숙해지면 300, 500 계속해서 숫자를 올려 보렴.

**숫자 빼기를 할 때 가장 중요한 건 눈을 감고
말소리도 내지 말고 입술도 움직이지 않아야
한다는 거야.**

오직 머릿속으로만 하나 하나 숫자 빼기를 하는 거지.
이와 같이 숫자 빼기를 하다 보면 너 자신도 모르는 사이에 저절로
집중력이 길러지는 걸 느낄 수 있을 거야.

소리 듣기법

이 훈련법은 일정한 간격으로 나는 소리를 들으며 정신을 집중하는 방법이야.
네가 지금 방 안에 있다면 시계 초침 소리에 귀를 기울여 보렴.
그리고 오직 째깍, 째깍, 째깍거리는 시계 소리에만 집중을 하는 거야.
네가 만일 운동장에 있다면 바람에 나뭇잎이 흔들리는 소리에 집중해도 좋고,
길을 걷고 있다면 자동차들이 지나가는 소리에 집중해도 좋아.
아무튼 한 가지 소리에 온 정신을 집중해서 들어 보는 거지.
소리 듣기법을 훈련하면 어떤 일에 순간적으로 빨리 집중하는 능력을 기를 수 있단다.

4 집중력 계발 훈련 2

동그라미 응시법

1. 백지 한가운데다 500원짜리 동전만 하게 검은 동그라미를 그린다.
2. 긴장을 풀고 마음을 편안하게 먹는다.
3. 눈높이보다 약간 아래쯤에 종이를 붙이고, 약 2m 정도 떨어진 곳에서 검은 동그라미를 약 10초간 쳐다본다.
4. 눈을 감고 약 30초간 동그라미를 머릿속에 그린다.
5. 이 동작을 3~5번 정도 반복한다.

훈련 방법

1. 눈을 감고 약 30초간은 머릿속에서 검은 동그라미가 지워지지 않도록 계속 생각한다.
2. 10초간 쳐다보는 훈련에 익숙해지면 시간을 점점 늘려간다. 그렇게 자기가 얼마나 오랫동안 검은 동그라미를 쳐다볼 수 있는지 시험해 본다.
(30초를 넘기면 대단한 집중력을 가지고 있는 것임.)

5. 집중력 계발 훈련 3

사물 응시법

사물 응시법은 말 그대로 아무 사물이나 시선을 집중해서 쳐다보는 훈련법이야.
예를 들어 지금 네 앞에 책이 있다고 하자.
그럼 일정한 시간(약 1분에서 5분 정도) 동안 다른 생각 하지 말고, 오직 책만 쳐다보는 거야.
단, 모기처럼 움직이는 생물을 쳐다보는 건 좋은 방법이 아니야.
윙윙거리면서 날아다니는 모기는 집중력을 키워 주기는커녕 주의를 산만하게 하기 때문이지.

가장 쉽고 간단한 사물 응시법

1. 눈을 반쯤 뜬 후, 자신의 코 끝을 약 1분 동안 내려다본다.
   (코끝을 내려다보는 방법은 아무 때나 할 수 있기 때문에 사물 응시법 중 가장 간단한 훈련 방법이다.)

2. 눈을 감고 코끝의 모습을 약 1분 동안 상상한다.
   (이때 네 머릿속의 생각이 온통 코끝으로 모인다고 생각하렴. 그럼 미간이 약간 찌릿찌릿해지는 걸 느낄 수 있을 거야. 하지만 그 순간을 넘기면 정신이 완전히 집중된단다.)

3. 이와 같은 동작을 다섯 번 반복한다.

공부하면서 짬짬이 이와 같은 훈련을 해 보렴. 그럼 이렇게 간단한 훈련만으로도 집중력이 좋아질 수 있다는 것을 알게 될 거야.

집중력 계발 훈련 4

나만의 문장 만들기

나만의 문장 만들기란 이미 알고 있는 어떤 낱말을 기초 삼아,
다른 말을 결합시켜 네 나름대로의 문장을 만들어 내는 집중력 훈련이야.
예를 들어 네가 '세종대왕, 이순신, 단군'이라는 역사 속 인물들을
한데 묶어서 외우고 싶다고 하자.
그럼 네가 평소에 잘 알고 있는 동물 이름인 '원숭이, 사자, 돼지'를
기초 삼아, 네 나름대로의 문장을 만들어 보는 거야.

기초	낱말	나만의 문장 만들기	머릿속으로 그림 그리기
원숭이	세종대왕	원숭이는 세종대왕에게 바나나를 선물했다.	
사자	이순신	사자가 이순신 장군의 갑옷을 입고 있다.	
돼지	단군	돼지는 단군의 자손이 아니다.	

이렇게 나만의 문장을 만든 후에, 네 스스로 네가 만든 그 문장을
기억해 내려고 집중하는 거지.
이렇게 하면 집중력뿐만 아니라, 기억력, 창의력 등을 키울 수 있어.
이 훈련을 할 때 가장 중요한 것은 문장을 만드는 데 부담을
가지지 말라는 거야. 그냥 쉽고 간단하게 만든 다음, 네가 만든 그 문장을
기억해 내려고 집중하는 게 중요한 거란다.
또한 이 방법에 익숙해지면 공부할 때도 큰 도움을 얻을 수 있어.
예를 들어 네가 황순원의 〈소나기〉, 〈목넘이 마을의 개〉, 〈황 노인〉,
〈독 짓는 늙은이〉, 〈움직이는 성〉, 〈땅울림〉, 〈별〉 등 일곱 작품의 제목을
모두 외우기로 마음먹었다고 하자.
그럼 원래 네가 알고 있는 단어들, '할아버지, 할머니, 아버지, 어머니,
형, 누나, 동생' 이라는 말을 기초 삼아, 너만의 문장을 만들어 보는 거야.

기초	낱말	나만의 문장 만들기	머릿속으로 그림 그리기
할아버지	소나기	할아버지가 소나기를 만나 머리가 흠뻑 젖으셨다.	
할머니	목넘이 마을의 개	할머니가 목넘이 마을의 개를 데려오셨다.	

기초	낱말	나만의 문장 만들기	머릿속으로 그림 그리기
아버지	황 노인	아버지가 황 노인에게 절을 했다.	
어머니	독 짓는 늙은이	어머니가 독 짓는 늙은이에게 독을 하나 샀다.	
형	움직이는 성	형은 움직이는 성을 만들겠다고 큰소리를 쳤다.	
누나	땅울림	누나는 땅울림이 느껴진다며 엉엉 울었다.	
동생	별	동생은 별을 보며 잠자는 걸 좋아한다.	

그럼 이제 다 기억해 낼 수 있는지 확인해 보자.

앞의 내용을 보지 말고 다음 빈칸에 낱말과 함께 새로운 문장을 써 보렴.

(요령 – 1. 내가 만든 문장을 먼저 기억해 내고, 그 다음 외워야 할 낱말을 생각해 본다.
　　　2. 나만의 문장을 머릿속에다 그림으로 그려 두는 습관을 들인다.)

기초	낱말	나만의 문장 만들기	머릿속으로 그림 그리기
할아버지			
할머니			
아버지			

기초	낱말	나만의 문장 만들기	머릿속으로 그림 그리기
어머니			
형			
누나			
동생			

이 방법은 처음에는 약간 힘이 들어. 하지만 포기하지 않고 꾸준히 연습하면 집중력과 함께 기억력을 계발하는 데 큰 도움이 될 거야.

7 경쟁하는 마음을 가져라

하버드 대학의 한 심리학자는 아이들의 심리 상태를 오랫동안 연구한 결과 "경쟁을 싫어하는 아이는 불리한 입장에 서는 경우가 많다. 또한 어떤 일을 하는 데 있어서 자기와 남을 비교하기 싫어하는 아이는 대체로 아이큐가 뒤쳐진다."라는 연구 결과를 발표했단다.
즉 "꼭 이기고 싶다."라는 경쟁심은 집중력을 길러 줄 뿐 아니라, 아이큐도 높여 준다는 말이지.
마라톤을 할 때 좋은 기록을 내려면 경쟁자가 있어야 한다고 해. 옆에서 경쟁을 하면서 앞서려는 사람이 있으면 좀 더 열심히 달리게 되고, 그 결과 좋은 기록이 만들어진다는 거지.
텔레비전에서 프로 기사들이 바둑 두는 모습을 본 적이 있니?
프로 기사들은 옆에서 무슨 소리가 나든 상관하지 않고 몇 시간씩 바둑판만 들여다보고 있는 경우가 많아.
프로 기사들은 어떻게 이런 높은 집중력을 보일 수 있는 걸까?
그건 바로 꼭 이기고 싶다는 생각을 하고 있기 때문이란다.
만약 이겨도 그만 저도 그만이라고 생각하고 있으면 절대 그런 집중력을 발휘할 수 없을 거야.
이처럼 이기겠다는 생각은 집중력을 키워 준단다.
정정당당하게 경쟁하는 마음을 가지렴.
그럼 분명 네 안에 잠들어 있는 집중력을 깨울 수 있을 거야.

우리 정정당당하게 승부하자!
(비록 친한 친구지만 경쟁을 하는 이상 질 수야 없지.)

그래! 열심히해 보자.
(하하! 꼭 이겨 주마. 승부의 세계는 냉정한 거야!)

집중력 높이기 89

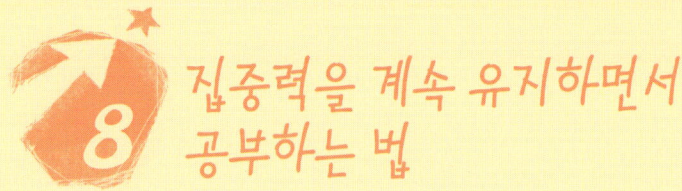
집중력을 계속 유지하면서 공부하는 법

우리 대뇌에는 약 1,000억 개의 세포가 있어.
그런데 안타깝게도 뇌 세포는 열두 살을 경계로 해서
서서히 죽기 시작한단다.
특히 머리를 쓰지 않고 가만히 있으면 뇌 세포는 하루에
무려 3만~5만 개씩 죽어 간다고 해.
'설마?' 라고 생각하는 아이들이 있겠지만, 사실이란다.
하지만 머리를 자꾸 쓰면 뇌 세포가 줄어드는 숫자를 줄일 수 있어.
특히 무언가에 집중을 하고 있으면 그만큼 뇌 세포가 덜 줄어든다고 해.
초등학생의 경우 약 40분~한 시간 정도 집중할 수 있다고 해.
그러니까 공부를 하다가도
약 한 시간 정도가 지나면 잠깐
머리를 식힐 필요가 있는 거지.
그러지 않고 계속 공부를 하면
집중이 안 되기 때문에 오히려
공부한 효과를 얻을 수 없단다.
그런데 누구나 공부를 할 때는 주로
왼쪽 뇌를 사용하니까 가끔씩 왼쪽 뇌를
쉬게 하고, 오른쪽 뇌를 움직이는 게 좋단다.
그렇게 하면 집중력을 계속 유지하는 데
도움이 될 거야.

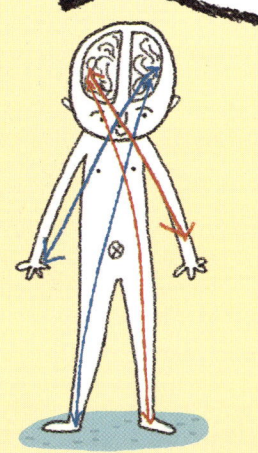

뇌와 우리 몸은 어떻게 연결되어 있을까?
오른손과 발은 왼쪽 뇌에 영향을 미치고,
왼손과 발은 오른쪽 뇌에 영향을 미친다.

왼쪽 뇌를 쉬게 하면서
계속 집중력을 유지하는 놀이

준 비 물: 고무풍선
놀이 방법: 왼손 집게손가락으로 고무공을 허공으로 통통 찍어 올린다.
놀이 시간: 약 5분에서 10분 정도
효   과: 고무풍선을 왼손으로 약 5분 정도 허공으로 통통 찍어 올리는 놀이를 하게 되면 오른쪽 뇌가 움직이게 된다.
따라서 공부를 하는 왼쪽 뇌는 아무 생각 없이 편안한 휴식을 취할 수 있다. 또한 고무풍선을 찍어 올리는 동안에도 계속 긴장감을 유지할 수 있기 때문에 휴식 후 공부를 바로 시작하면 왼쪽 뇌는 더욱 힘차게 활동하기 시작한다.

이렇게 아무 생각 없이 왼쪽 뇌를 편안히 쉬게 하면서 긴장감을 유지해 주면 학습 효과 up!!

9 집중력을 기르는 명상법

양궁 선수들은 경기에 앞서 먼저 집중력 훈련을 해.
정신적으로 경기에 집중할 준비가 되어 있어야 사고 없이 무사히
경기를 마칠 수 있기 때문이지.
이때 선수들이 집중력을 키우기 위한 방법으로 선택하는 것이
바로 명상이야.
명상이라는 말만 듣고 "에이, 내가 어떻게 명상을 할 수 있겠어요?"라고
머리를 가로젓는 아이들이 있을지 몰라.
하지만 명상은 절대 어려운 게 아니란다.
명상은 간단한 기본 원리만 깨달으면 누구나 손쉽게 할 수 있어.

명상을 할 때 가장 중요한 건 아무 생각도 하지 않는 거야.

그냥 아무 생각 없이 조용히 앉아 있는 거지.
하지만 처음에는 그게 말처럼 쉽지 않을 거야.
자꾸 여러 가지 생각이 날 거야.
그럴 때는 네 마음속에서 한 발짝 살짝 물러나 보렴.
그리고 지금 네가 무슨 생각을 하고 있는지,
네 마음속을 구경해 보는 거야.
자, 그럼 지금 당장 집중력을 기르는 명상을 해 보자.

집중력을 기르는 명상법

1. 책상다리를 하고 앉는다.
2. 숨을 깊이 들이마시면서 고요함에 젖는다고 생각을 한다.
3. 잠깐 숨을 멈춘다.
   (이때 온 세상 모든 것들의 움직임이 멈췄다고 생각한다.)
4. 숨을 내쉬면서 살짝 미소를 짓는다.

이와 같은 동작을 적어도 하루에 10분 이상은 해야 한다.

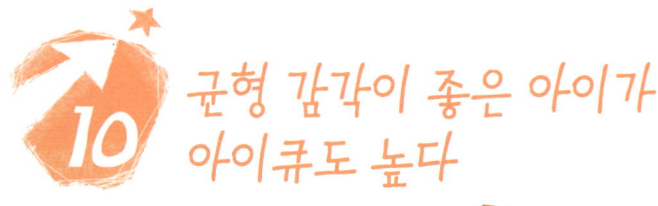

10 균형 감각이 좋은 아이가 아이큐도 높다

Test

스스로 해 보는 균형 감각 테스트

1. 눈을 감고 두 팔을 벌려요.
2. 한쪽 발을 들어 올려 외발로 서요.
3. 몇 초 동안 서 있을 수 있는지 시간을 재요.
4. 양쪽 발을 번갈아 가며 해 봅니다.

〈테스트 결과 보기〉
30초 이하 : 균형 감각이 부족하다.
30초~1분 : 보통이다.
1분 이상 : 좋은 균형 감각을 가지고 있다.

균형 감각이란 자기 몸의 평형을 유지하는 능력을 말하는 거야.
이 능력이 없으면 인간은 서 있을 수조차 없지.
포유류 중에서 두 발로 걷는 동물은 인간밖에 없어.
과학자들은 인간에게 균형 감각이 없었다면 서서 걸을 수 없었을 것이고,
그랬다면 지금처럼 머리도 발달하지 않았을 거라고 해.
그만큼 균형 감각과 인간의 지능은 밀접한 관련이 있다고 할 수 있지.
그런데 걱정스러운 것은 요즘 아이들은 균형 감각이 점점 약해지고
있다는 거야.
이를테면 버스나 전철을 타고 있을 때 조금만 흔들려도 금방
넘어진다거나 하는 아이들이 많지.

그렇다고 너무 걱정할 필요는 없어.

훈련을 하면 균형 감각은 얼마든지 좋아지니까 말이지.

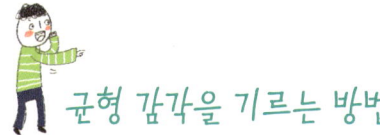
균형 감각을 기르는 방법

1. 버스나 전철 안에서 손잡이를 잡지 않고 서 있는다.
   (숙달되면 다리를 모으고 서면 더욱 좋다.)
2. 한쪽 발로 줄넘기를 한다.
3. 길가의 조금 높은 곳에서 균형을 잡으며 걸어 본다.
4. 두 눈을 감고 양팔을 앞으로 뻗은 상태에서 제자리 걸음을 50번쯤 해 본다. 눈을 떴을 때 처음 서 있던 자리에 그대로 서 있으면 균형 감각이 매우 좋은 것이다.

 **X자 생각하기**

문자로 풀어 보는 수학

여기에 산수 문제가 여덟 개 있습니다. 숫자가 아니라 문자로 쓰여 있으므로 복잡하게 보이나 머릿속에서 문자를 숫자로 바꾸어 놓으면 간단하게 답을 낼 수 있습니다. 단, 답을 내면 그 답을 다시 문자로 바꾸세요. (3분 안에 푸세요.)

가 → 1
나 → 5
다 → 3
라 → 4
마 → 2
바 → 7
사 → 6
아 → 8
자 → 9

1. 가+라=
2. 가나-다=
3. 다×아=
4. 가마÷다=
5. 자+마라=
6. 아×마=
7. (다×바)-마=
8. (아÷라)×자=

3분 안에 문자로 된 수학 문제를 풀려면 높은 집중력을 발휘해야 해. 문자를 숫자로 한 번 바꾼 후에 다시 문자로 답을 써야 하기 때문이지. 이렇게 여러 곳에 집중을 해야 하는 경우는 잠깐 방심하는 순간에 집중력이 흩어지는 수가 있어.

하지만 평소에 X자 생각하기를 연습해 두면 어떤 상황에서도 높은 집중력을 발휘할 수 있단다.

X자 생각하기

1. 여기 있는 X자를 1분간 바라본다.
2. 눈을 감고 이 X자를 머릿속에 그려 본다.
3. 머릿속에 떠오르는 X자의 영상이 얼마나 실제와 가까운지 관심을 가지고 머릿속에 떠오른 X를 생각한다.
   (효과 : 이 훈련을 꾸준히 해 보면 두 가지 이상의 문제에 집중할 때 크게 도움을 얻을 수 있다.)

♠96쪽 문제 정답 : 1-나, 2-가마, 3-마라, 4-라, 5-다다, 6-가사, 7-가자, 8-가아

1. 습관에서 벗어나기 | 2. 창의력을 키우려면 무식해야 한다
3. "만약에?"라는 질문을 해야 하는 까닭 | 4. 정답을 찾으려고 하지 마라
5. 컴퓨터 자판 속에 숨어 있는 엉뚱한 규칙 | 6. 만일 지금 머리가 나쁘다고 고민하고 있다면
7. "왜?"라는 질문 하나로 부자 되기 | 8. 나는 얼마나 창의적인 아이일까? | 9. 머리를 좋게 하는 웃음

1 습관에서 벗어나기

창의력을 키우려면 먼저 습관을 버려야 해.
습관에 길들여지면 깊은 생각을 하지 않게 되고, 생각을 깊게 하지 않으면 머리는 좋아지지 않는단다.
대부분의 아이들은 아침에 일어나 밤에 잠자리에 들기까지 습관적으로 행동을 하고 있어.
정말 그런지 한번 확인해 볼까.

나는 오늘 거울을 보면서 _____ 생각을 했다.

나는 오늘 양말을 신으면서 _____ 생각을 했다.

어때? 생각이 나니? 아마 생각이 잘 나지 않을 거야.
그만큼 너도 습관적으로 거울을 보고, 습관적으로 양말을 신고 있다는 거지.
오늘부터는 하루에 한 가지씩만이라도 습관에서 벗어나 보자.
예를 들어 지금까지는 양치질을 먼저 하고 세수를 나중에 했다면,
오늘은 세수를 먼저 하고 양치질을 해 보자.
지금까지는 바지를 먼저 입고 나중에 윗옷을 입었으면,
오늘은 윗옷을 먼저 입고 나중에 바지를 입어 보자.
이처럼 하루에 한 가지씩만이라도 습관에서 벗어나 새롭게 생활해 보자.
그럼 그때마다 너는 새로운 생각을 하게 될 거야.
창의력은 습관에서 벗어나 새로운 생각을 많이 할수록 커지는 거란다.

다음 물건이 어디에 쓰일 수 있는지
세 가지만 적어 보세요.

옷걸이

필통

연필

2. 창의력을 키우려면 무식해야 한다

Test

다음 모양은 무엇일까요?
생각나는 대로 모두 적어 보세요.

_____

_____

_____

이런 문제를 풀 때는 너무 심각하게 생각할 필요 없어.
그냥 생각나는 대로 써 보렴. '태양'이라고 해도 되고, '팽이'라고
해도 되겠지.
또 '하늘에서 본 사거리 모습'이라고 해도 되지 않을까.
여러 방향에서 본다고 생각하면 좀 더 많은 답을 생각해 낼 수 있을 거야.
하지만 너무 이것저것 따지다 보면 몇 개 생각나지 않을 거야.
창의력을 키우려면 무식해야 해.
틀리는 걸 두려워하지 말고 일단 생각나는 대로 써 보는 게 중요하단다.
역사적으로도 창의력이 뛰어난 사람들은 틀리거나 실패하는 것을
두려워하지 않았어.
라이트 형제는 수많은 추락과 실패를 겪은 후에야 마침내
하늘을 날 수 있었지.
에디슨도 전구를 발명하기 전까지 수천 번의 실패를 겪었다고 해.
그러는 동안 에디슨은 되지 않는 방법을 너무나 잘 알게 되었고,
결국 전구를 발명했지.
올바른 정답만 찾아서 가는 사람은 결코 창의력을 키울 수 없어.

**창의력을 키우려면 앞뒤 가리지 않고 무식하게
도전하는 정신이 필요하단다.**

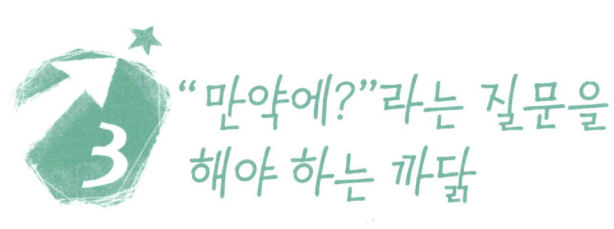
"만약에?"라는 질문을 해야 하는 까닭

"만약에?"라고 질문해 보는 것은 창의력을 키울 수 있는 매우 효과적인 방법이야.
"만약에?"라는 질문을 통해 너를 둘러싸고 있는 상식의 틀에서 벗어나 보자.

'만약에' 이런 일이 벌어진다면……

1. 만약에 남자들도 임신할 수 있다면?
2. 만약에 원숭이가 인간보다 더 똑똑해진다면?
3. 만약에 매일 3초 동안 중력이 작용하지 않는다면?
4. 만약에 손가락이 여덟 개라면?
5. 만약에 인간이 잠을 자지 않아도 된다면?
6. 만약에 내일 지구가 망한다면?

"만약에?"라는 질문은 아주 쉬워.
그냥 무엇에 대해서든 실제 상황과 반대되게 "만약에?"라고
질문을 던져 보는 거지.
그리고 이왕이면 네가 생각한 "만약에?"라는 질문의 대답을
스스로 찾아보렴.
예를 들어 네가 "만약에 손가락이 여덟 개라면?"이라는 질문을
했다고 하고, 좀 더 깊이 생각해 보자.

이렇게 "만약에?"라고 질문을 던져 보면 생각은 마치 가지를 치듯
끝없이 넓어질 거야.
**"만약에?"라는 한 마디가 네 안에 잠들어 있는
많은 생각을 끄집어내는 역할을 하기 때문이지.**
〈만약에? 노트〉를 만들어 보는 건 어떨까?
〈만약에? 노트〉에 네가 한 엉뚱한 생각들을 모두 적어 놓는 거야.
그리고 그 엉뚱한 생각들을 어떻게 하면 가능하게 만들 수 있을까도
한번 생각해 보는 거지.

만약에 손가락이 여덟 개라면?

1. 물건을 쥐는 데 더 편리할까, 불편할까?
2. 투수는 공을 어떻게 던질까?
3. 피아노 건반은 어떻게 변할까?
4. 컴퓨터 자판을 어떻게 칠까?

4 정답을 찾으려고 하지 마라

여러분이 더 잘 알고 있겠지만, 학교에서는 항상 모범 답안을 원하고 있어.
답은 오직 하나고 나머지는 모두 틀린 답이라고 가르치고 있지.
선생님들은 더 나은 답이 있을 수 있다거나, 다른 답이 있을 수 있다고는
전혀 생각하지도 않지.
그러다 보니까 초등학생이 되기 전까지는 매우 창의적이었던 아이들도
일단 학교 수업을 받다 보면 창의력이 약해질 수밖에 없어.
무의식 중에 '답은 오직 하나다.' 라는 생각을 하게 되니까 틀에 박힌
생각밖에 할 수 없게 되는 거지.
미국의 파인만이라는 물리학자는 초등학교 때, 수학 시간에 배우는
여러 가지 수학 기호들이 쓰기에 불편하다고 해서 자기가 만든 기호들을
사용했다고 해.
그 기호들은 물론 쓰기에 편한 것들이었지만 선생님이나 다른 사람은
전혀 이해할 수가 없었지.
얼마 동안 자신만의 수학 기호를 사용하던 파인만은 결국 다른 사람들을
이해시키기 위해 원래의 수학 기호를 사용했어. 하지만 어쨌든 그는
교과서에 있는 것을 그대로 따르는 다른 아이들과는 달랐지.
그는 훗날 노벨상을 탄 유명한 물리학자가 되었단다.
창의력을 키우고 싶니?
그럼 '정답은 하나밖에 없다.' 라는 생각에서 벗어나렴!
그리고 모범 답안만을 찾아내려고 하는 버릇을 버리렴.

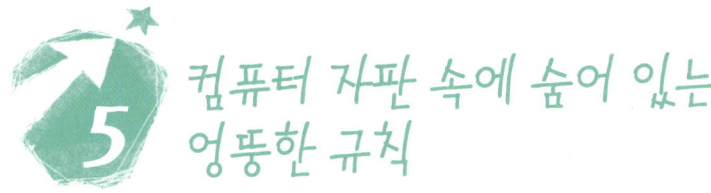 컴퓨터 자판 속에 숨어 있는 엉뚱한 규칙

QWERTYUIOP

어디서 본 알파벳 배열이지? 컴퓨터를 할 줄 아는 아이라면 금방 눈치 챘을 거야.

컴퓨터 자판의 맨 윗줄에 있는 문자들이니까 말이지.

혹시 이 문자들을 보고 이상하다는 생각을 해 본 적은 없니?

그냥 알파벳 순서대로 A B C…… 식으로 철자를 배열해 놓으면 더 빨리 자판을 칠 수 있을 텐데 말이지.

컴퓨터가 없던 1870년, 숄즈라는 회사에서 처음 만든 구식 타자기는 그렇게 알파벳 순서대로 자판이 되어 있었어.

그런데 어느 날 숄즈에 고객들의 항의가 쏟아졌어.

"타자기를 빨리 치면 자판들이 엉키기 때문에 문제가 많습니다."

그래서 숄즈사의 기술자들은 그 문제를 놓고 오랫동안 고민을 했지.

그러던 중 한 명이 좋은 의견을 내어 놓았어.

"타자를 빨리 칠 수 없게 만들면 어떻겠습니까? 그럼 자판이 지금처럼 자주 엉키지 않을 겁니다."

그 결과, 지금 우리가 쓰고 있는 이상한 자판 배열이 나오게 된 거야.
결국 우리는 지금 가장 복잡하고 어려운 자판 배열을 쓰고 있는 셈이지.
예를 들어 영어에서 'O'와 'I'는 자주 쓰는 중요한 문자들이야.
그래서 숄즈의 기술자들은 이 문자들을 가장 치기 어려운 곳에
배치해 놓았지.
정말 그런지 확인하고 싶으면 지금 당장 컴퓨터 자판을 확인해 보렴.
그 후, 현대 과학 기술은 아무리 빨리 쳐도 전혀 문제가 없는
컴퓨터를 만들어 냈어.
그러나 우리는 지금도 QWERTYUIOP 배열의 자판을
그대로 사용하고 있단다.
컴퓨터 자판에 얽힌 이 이야기는 한 가지 규칙이 자리를 잡으면,
그 규칙이 생긴 이유가 사라지더라도
규칙 자체는 쉽게 사라지지 않는다는 걸
보여 주고 있지.
우리 주변에는 이와 같이 쓸모없는 규칙들이 많아.
생활 주변에서 그런 낡은 규칙들을 찾아보자.
그리고 어떡하면 좀 더 좋은 규칙을 세울 수 있는지도 생각해 보자.

내일부터 지키지 않아도 되는 낡은 규칙
세 가지를 찾아 적어 보세요.

1

2

3

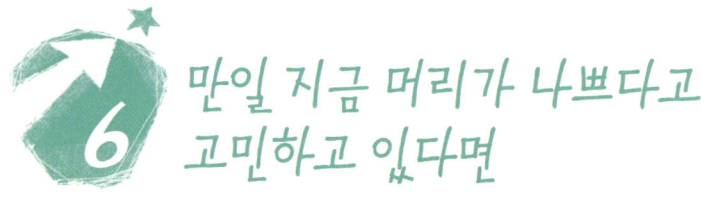

6 만일 지금 머리가 나쁘다고 고민하고 있다면

Test

머리 좋은 아이들의 특징

1. 아이디어가 풍부해요. (O , X)
2. 도전 정신이 있어요. (O , X)
3. 자신의 생각을 남에게 전달하는 능력이 뛰어나요. (O , X)
4. 문제가 뭔지 금방 눈치 채요. (O , X)
5. 융통성이 있어요. (O , X)

다섯 가지 중에 몇 가지나 동그라미를 쳤니?
동그라미를 하나도 못 쳤다고 하더라도 기죽을 필요는 없어.
역사적으로 유명한 천재들도 자신의 단점 때문에 많은 고통을
받았으니까 말이지.
유명한 물리학자 스티브 호킹은 몸의 신경이 대부분 마비되어 휠체어를
이용해야 움직일 수 있으며, 기계의 도움을 받아야 겨우 말을 할 수 있지.
하지만 그는 〈시간의 역사〉라는 책을 써서 과학사에 위대한 업적을
남겼단다.
베토벤은 목숨처럼 소중한 청각을 잃었고, 알렉산더와
줄리어스 시저는 간질병으로 고생을 했어.

하지만 이들은 모두 위대한 일을 해냈지.
또한 수학의 천재 폴 에르디시는 많은 사람들로부터 멍청하다는
소리를 들었고, 아인슈타인은 건망증이 심해 자신이 어디에
살고 있는지조차 잊어버린 적이 있다고 해.
그러나 이들은 자신의 그런 단점을 모두 이겨 내고, 훌륭한 일을 해냈지.
자신의 단점을 극복하려고 꾸준히 노력하면 누구나 머리가 좋아질 수 있단다.
네가 만일 지금 머리가 나쁘다고 고민하고 있다면,
"천재는 1%의 영감과 99%의 노력으로 만들어진다."라는
에디슨의 말을 다시 한 번 생각해 보렴.

연필 하나로 창의력을 키우는 방법

1. 오른손잡이는 왼손으로, 왼손잡이는 오른손으로 글씨를 써 본다.
2. 어떤 단어를 쓰겠다고 마음을 먹었으면 그 단어를 거꾸로 써 본다.
3. 글씨를 아래에서 위로 써 본다. 또는 오른쪽에서 왼쪽으로 써 본다.

7. "왜?"라는 질문 하나로 부자 되기

조셉은 양을 치던 평범한 소년이었어.
그런데 조셉에게는 한 가지 걱정거리가 있었지.
양들을 풀어 놓는 들판 근처에는 농장이 있었는데, 조셉이 잠시만
한눈을 팔아도 양들이 농장 안으로 들어가 농작물을 망치는 거야.
그때마다 조셉은 농장 주인에게 호되게 꾸중을 들었단다.
조셉은 양들을 혼내기도 하고, 나무 울타리 안에 가둬 보기도 했어.
하지만 아무 소용이 없었지.
그러던 어느 날, 조셉은 우연히 가시덤불 근처로는 양들이 접근하지
않는다는 것을 알아냈어.
그 순간 조셉은 '왜 양들이 가시덤불에는 접근하지 않을까?' 하고
자기 자신에게 질문을 던졌어.
며칠 후 조셉은 짧은 철사를 가시 모양으로 굽혀서 농장 주위에
울타리를 쳐 봤지.
그러자 양들은 가시철조망 울타리를 빠져나가지 못했어.
이 사실을 알게 된 조셉의 아버지는 특허를 신청했지.
그리고 얼마 후, 세계 대전이 일어나 군수품으로 가시철조망이
날개 돋친 듯이 팔렸어.
10년 동안 특허권만으로 조셉이 벌어들인 돈은 어마어마했지.
다섯 명의 회계사가 1년 동안이나 계산을 하고도 다 세지 못했다고 하니까,
조셉이 얼마나 부자가 됐는지 상상이 되지?

조셉이 부자가 된 이유는 딱 한 가지였어.

그가 성실해서도 아니었고, 경제를 잘 알아서도 아니었어.

조셉은 문제를 해결하기 위해 속으로 끝없이 "왜?"라는 질문을 던졌고,

그 때문에 가시철조망을 만들 수 있었던 거지.

어떤 문제에 부딪혔을 때 "왜?"라는 질문을 던져 보렴.

"왜?"라는 질문은 너를 분명 창의적인 아이로 만들어 줄 거야.

나는 얼마나 창의적인 아이일까?

창의력 테스트
각 문제당 3분씩 총 9분 안에 풀어 보세요.

1 뜨거운 것을 생각나는 대로 모두 써 보세요.

2 빨간 색깔을 가지고 있는 것들을 생각나는 대로 모두 써 보세요.

3 크다고 생각하는 것을 생각나는 대로 모두 써 보세요.

창의력 테스트 결과
▶ 각 문제당 5개 이하로 찾아낸 아이 : 창의력 부족
▶ 각 문제당 6~9개 사이로 찾아낸 아이 : 창의력이 높은 편
▶ 각 문제당 10개 이상 찾아낸 아이 : 창의력이 아주 높은 편

이 글을 읽고 있는 아이들 중에는 분명 3분 안에 뜨거운 것을
열 개 이상 찾아낸 아이들이 있을 거야.
반면에 다섯 개도 못 찾아낸 채 시무룩하게 앉아 있는 아이도 있을 테지.
왜 이렇게 차이가 나는 걸까?
그건 평소에 얼마나 많은 호기심을 가지고 세상을
바라보고 있느냐의 차이란다.
에디슨은 병아리가 어떻게 태어나는지 궁금한 나머지 헛간에서 알을
품었지.
뉴턴은 사과가 땅으로 떨어지는 걸 보고 '왜 사과가 땅으로
떨어지는 걸까?' 하고 궁금하게 여겨 연구에 몰두했어.
그 덕분에 우리는 만유인력의 법칙을 알게 되었지.
주위의 사물과 현상에 대해 호기심을 가져 보렴. "하늘은 왜 파랄까?",
"왜 겨울에만 눈이 내리지?", "물고기는 왜 물속에서만 숨을 쉬는
걸까?" 등 궁금증이 생길 때마다 스스로에게 질문을 던져 보렴.
과학적인 답을 얻지 못해도 상관없어.
그저 네 나름대로의 상상력을 발휘해서 그 답을 찾아보는 것도
좋은 방법이란다.
그렇게 하다 보면 네 안에 잠들어 있던 창의력이 꿈틀거리면서
깨어나는 걸 분명하게 느낄 수 있을 거야.

창의적인 아이가 자주 들어야 하는 말
▶ "말도 안 되는 소리 하지도 마라."
▶ "쓸데없는 짓 좀 하지 말아라."
▶ "너는 왜 엉뚱한 것들만 물어보니?"
▶ "그건 해 보나 마나 안 돼."

9 머리를 좋게 하는 웃음

유태인들은 세계에서 가장 머리가 좋은 민족으로 잘 알려져 있어.
인구는 적지만 민족별로 노벨상을 수상한 사람들을 따져 보면
유태인들이 가장 많지.
한 사회학자는 유태인들이 이렇게 머리가 좋은 이유는 그들이
어려서부터 유머를 몸에 익혔기 때문이라고 해.
만약 유머가 없었다면 유태인들은 지금과 같이 머리 좋은 민족이
될 수 없었을지도 모르지.
최근에는 과학자들이 유머가 머리에 미치는 영향을 과학적으로
밝혀냈단다.
유머를 할 때는 순간적으로 두뇌 회전이 빨라진다고 해.
그렇기 때문에 유머를 자주 사용하다 보면 저절로 머리가
좋아진다는 거야.
유머는 머리를 좋게 하는 가장 쉬운 훈련 방법이야.
많이 웃으면 두뇌 전체가 마치 축제를 벌이는 것처럼 신나게
움직인다고 하지.
자주 웃어 보렴.
그리고 즐겁고 명랑하게 생활을 하렴.
이보다 더 쉽게 머리를 좋게 하는 방법은 없을 테니까 말이지.

과학으로 살펴본 웃음의 효과

1. 한바탕 웃고 나면 혈액 순환이 잘 된다.
2. 감기나 각종 질병에 면역력이 길러진다.
3. 엔돌핀이나 카테콜라민과 같이 우리 몸에 꼭 필요한 물질이 분비된다.
   (카테콜라민은 스트레스를 날려 버리는 물질이고, 엔돌핀은 진통 효과가 있는 물질이다.)
4. 웃으면 두뇌 활동이 활발해져서 머리가 좋아진다.

1. 성질이 다른 하나를 찾아라 | 2. 원숭이 똥구멍은 빨개, 빨가면?
3. 멍텅구리가 물고기 이름이라고요? | 4. 하루 아침에 언어 능력을 키우는 비법
5. 마법의 언어 놀이 | 6. 스스로 낱말 퍼즐 만들기 | 7. 문장을 한꺼번에 길게 읽어라
8. 덥다고 생각하면 한겨울에도 땀이 난다 | 9. 오른쪽 뇌 속에 숨어 있는 서랍을 열어라

 성질이 다른 하나를 찾아라

성질이 다른 하나 찾기

네 개의 낱말 중 성질이 다른 것은 어느 것입니까? (1분 안에 푸세요.)

1	티셔츠	블라우스	반바지	와이셔츠
2	후춧가루	고춧가루	토마토	소금
3	국자	숟가락	주걱	못
4	의자	컴퓨터	책상	옷장
5	학교	병원	아파트	시청

머리가 좋아지려면 무엇보다 언어 능력이 뛰어나야 해.
네 친구들을 한번 생각해 보렴.
어휘력이 풍부하고 언어 능력이 뛰어난 아이가 대체로 성적도 좋다는 걸 금세 알 수 있을 거야.

그렇다면 어떻게 해야 언어 능력이 좋아질 수 있을까?
많은 방법이 있겠지만, 생활 속에서 목록을 만들어 보는 것도 좋은 방법일 거야.
예를 들어 네가 엄마와 함께 시장에 간다고 하자.
그럼 엄마 대신 사야 할 물건의 목록을 만들어 보는 거야.
'과일, 배추, 감자, 양파…… 등등' 식으로 말이지.
또는 아침에 일어나서 오늘 해야 할 일들의 목록을 만들어 볼 수도 있겠지.
친구와 함께 목록을 만들어 보는 놀이를 해 봐도 재미있을 거야.
큼직한 종이에 각자 문제를 내는 거야.
예를 들어 "알고 있는 과일의 종류를 모두 적어 보세요."라든가 또는 "노란색을 띤 음식을 모두 적어 보세요."라는 식으로 말이지.
물론 더 많이 적은 사람이 이기는 거지.
이렇게 목록 만들기 놀이를 해 보면,
자연스럽게 성질이 같은 것들을 한데 묶는 능력이 발달할 뿐 아니라 어휘력도 풍부해질 거야.

♠124쪽 문제 정답 : 1 - 반바지 (나머지는 윗옷) 2 - 토마토 (나머지는 조미료) 3 - 못 (나머지는 요리할 때 쓰는 것)
4 - 컴퓨터 (나머지는 가구) 5 - 아파트 (나머지는 공공 시설)

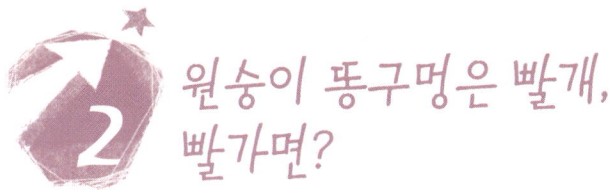

2 원숭이 똥구멍은 빨개, 빨가면?

? 자리에 들어갈 낱말을 찾으세요.

1 비행기 : 공기 = 배 : ?
① 바다   ② 돛   ③ 물   ④ 강

2 치즈 : 소 = 햄 : ?
① 염소   ② 말   ③ 돼지   ④ 양

3 배 : 선착장 = 자동차 : ?
① 운동장   ② 공사장   ③ 주차장   ④ 주유소

처음 두 개의 낱말을 잘 보렴. 그리고 그 두 개의 낱말이 어떤 관계인지를 파악하는 거야.
예를 들어 '치즈 : 소'의 관계는 소가 치즈를 만들어 내는 관계겠지?

이런 식으로 네 개의 보기 중에서 똑같은 관계를 가지고 있는 낱말을 찾아내 보렴.

이런 문제를 잘 풀려면 '연상 놀이'를 해 보는 게 좋아. 연상 놀이를 자주 하다 보면 낱말과 낱말 간의 연관 관계를 정확히 알 수 있을 뿐 아니라, 아이큐를 높이는 데 크게 도움이 된단다.

글로 연상 놀이 하기

1. 공책 ➡ ( ) ➡ ( ) ➡ ( ) ➡ ( ) ➡ 선생님

2. 친구 ➡ ( ) ➡ ( ) ➡ (운동장) ➡ ( ) ➡ 연필

3. 김치 ➡ ( ) ➡ (여우) ➡ ( ) ➡ ( ) ➡ 놀이터

연상 놀이는 말로 할 수도 있고, 글로 할 수도 있어.
말로 할 때는 우리가 잘 아는 "원숭이 똥구멍은 빨개, 빨가면 사과, 사과는 맛있어……." 식으로 하면 되는 거지.
그렇다면 글로 연상하기는 어떻게 할까?
정답은 없으니까 네가 그럴 듯한 단어를 채워 넣어 보렴.
예를 들어 네가 '공책-네모-상자-무거워-뚱보-선생님'이라고 글로 적었다고 하자.
그럼 그 이유를 친구에게 그럴 듯하게 설명할 줄 알아야 해.
"공책은 네모나게 생겼어. 네모난 건 상자야.
그런데 뭔가 가득 찬 상자는 무거워. 무거운 사람은 뚱보지.
뚱보는 우리 선생님이야."라는 식으로 말이지.
연상 놀이를 잘하기 위해서는 무엇보다 사물의 특징이나
쓰임새를 잘 알고 있어야 해.
또 말뜻을 정확히 알고 있어야 하겠지.
이제부터라도 새로운 말을 들으면 그냥 지나치지 말고
그 말의 뜻이 뭔지,
그 말과 비슷한 말은 또 무엇이 있는지 등에 관심을 가져 보렴.

♠127쪽 문제 정답 : 1-③, 2-③, 3-③

3 멍텅구리가 물고기 이름이라고요?

어휘력이 풍부할수록 언어 능력이 뛰어나다는 건 말 안 해도 잘 알 거야.
그런데 놀면서 어휘력을 높이는 방법은 없을까?
'사전 찾기 놀이'를 해 보자.
사전 찾기 놀이라고 하면 왠지 재미없는 놀이 같지만, 일단 한 번
해 보면 아주 재미있고 유익한 놀이라는 걸 금방 알 수 있을 거야.

사전 찾기 놀이 방법

1. **준비물** : 국어사전 한 권, 종이 몇 장, 연필
2. **인원** : 둘이서도 할 수 있고 여러 명이서도 할 수 있다.
3. **규칙** : 한 사람이 친구들이 잘 모를 것 같은 단어를 하나 고른다. 그리고 각자 그 단어에 대한 의미를 생각해 보고 종이에 써 본다. 다 쓴 후에는 사전을 찾아 뜻이 맞았는지 확인한다.
4. **점수 매기기** : 올바른 뜻을 알아맞혔으면 2점, 비슷한 답을 맞혔으면 1점, 틀리면 0점.

예를 들어 네가 사전을 찾아 '멍텅구리'라는 문제를 냈다고 하자.
그리고 친구들은 다음과 같은 답을 썼다.

과연 어떤 것이 답일까?

1. 멍청이
2. 앞이 잘 보이지 않는 상황에 쓰는 말
3. 뚝지라고 불리는 바닷물고기
4. 성질이 사나운 사람

궁금하면 지금 당장 국어사전을 찾아보렴.
그럼 멍텅구리가 '1. 멍청이'와 '3. 뚝지라고 불리는 바닷물고기'라는 뜻을 가지고 있다는 것을 알 수 있을 거야.
만약 네가 사전을 찾아보지 않았다면 멍텅구리가 물고기 이름이기도 하다는 걸 알 수 있었을까?
이처럼 평소에 잘 쓰는 말이지만 그 뜻을 정확히 모르고 있는 단어는 얼마든지 많단다.

> **'뚱딴지'는 무슨 뜻일까?**
> ➡ 뚱딴지에는 네 가지 뜻이 있다.
> ① 엉뚱한 사람 ② 우둔하고 무뚝뚝한 사람
> ③ 돼지감자 ④ 전봇대에 다는 절연 기구

친구들과 함께 사전 찾기 놀이를 해 보렴.
그럼 금방 언어 능력이 쑥쑥 높아지는 걸 느낄 수 있을 거야.

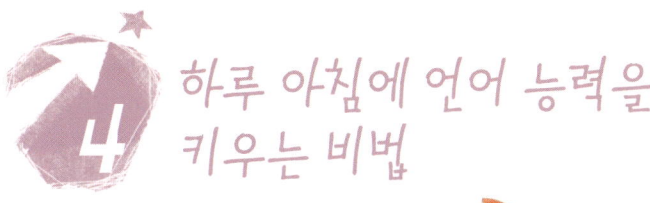

4 하루 아침에 언어 능력을 키우는 비법

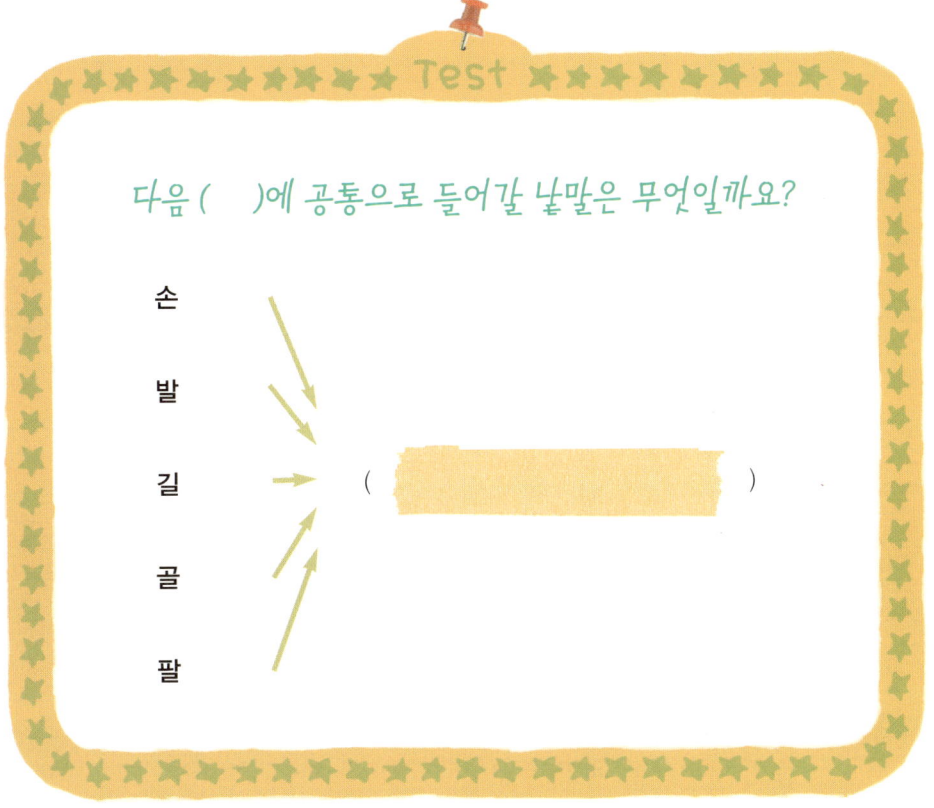

아이큐 테스트를 받다 보면 위와 같은 문제들을 자주 보게 돼.

그런데 위 문제의 답은 뭘까?

답은 바로 '목'이지. 뒤에 '목' 자를 붙이면 손목, 발목, 길목, 골목, 팔목이라는 단어가 만들어지는 걸 알 수 있을 거야.

물론 이런 문제쯤은 쉽게 풀었겠지.

하지만 언어 능력을 높이려면 다음과 같은 문제도 술술 풀 줄 알아야 한단다.

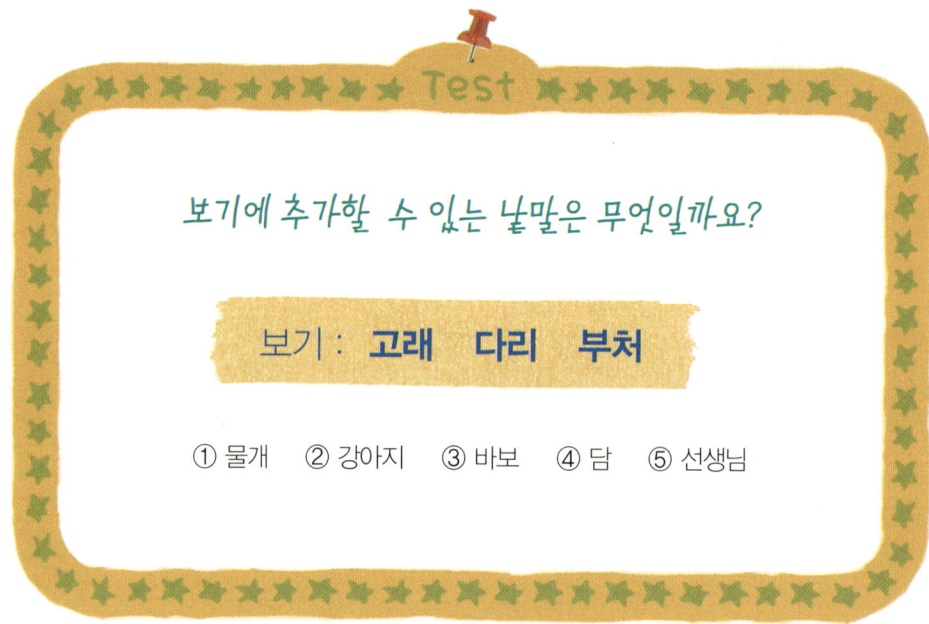

과연 답은 뭘까?

우선 단어들의 공통점을 생각해 보자.

공통점을 쉽게 찾을 수는 없을 거야.

하지만 조금만 더 생각해 보면 돌고래, 돌다리, 돌부처처럼 공통적으로 '돌' 이라는 낱말을 합쳐서 말을 만들 수 있다는 걸 알 수 있지.

그럼 이제 문제는 다 해결된 거야.

답은 4번 '담' 이지.

'돌담' 이라는 말을 만들 수 있으니까 말이지.

이 문제를 풀려면 여러 가지를 생각해 봐야 하기 때문에 시간이 많이 걸려.

하지만 평소에 어휘를 많이 알고 있으면 다른 아이들보다
훨씬 빨리 풀 수 있을 거야.
그럼 다른 아이들보다 좀 더 많은 어휘를 알려면 어떻게 해야 할까?
지금부터 두 가지 비법을 알려 줄 테니까 꼭 실천해 보렴.

언어 능력을 키우는 비법

1 보석 같은 말들을 담아 둘 공책을 만들자.
공책에 좋은 말이나 좋은 글을 써 놓는 거야. 책을 읽다가 마음에 드는 문장이 나왔을 때, 또는 TV에서 좋은 말을 들었을 때 등 기억할 만한 문구가 있으면 써 놓자. 누구나 자기가 마음에 드는 말은 한번 적어 놓으면 쉽게 잊어버리지 않는다.

2 눈을 감고 마음의 소리를 들어 보자.
네 마음속에는 수많은 언어가 쌓여 있어. 마음속에 쌓여 있는 그 언어들을 꿈틀꿈틀 살아 움직이게 해 보자. 눈을 감고 학교에서 선생님이 수업하는 장면을 떠올려 보렴. 또는 TV에서 본 광고나 친구들이 떠드는 소리들을 떠올려 보렴. 그럼 네 속에 엄청나게 많은 언어들이 떠돌아다니고 있다는 걸 분명히 느낄 수 있을 거야.

마법의 언어 놀이

나는 얼마나 언어 능력이 높을까요?
해당하는 항목에 O표를 해 보세요.

1. 한 번 들은 동화나 동요 등을 쉽게 외워요.

2. 사전을 자주 찾아보는 편이에요.

3. 친구들과 어울려 말을 많이 하는 편이에요.

4. 읽고 싶은 책이 많아요.

5. 감정을 말로 잘 표현하는 편이에요.

6. 글짓기를 잘해요.

너는 얼마나 언어 능력이 높을까?
여섯 개의 항목 중에서 적어도 네 가지 이상은 동그라미를 칠 수 있어야
언어 능력이 높다고 할 수 있어.
물론 한두 가지밖에 해당하지 않는다고 실망할 필요는 없어.
지금이라도 늦지는 않았으니까 말이지.
네가 아직 열세 살이 넘지 않았다면 얼마든지 언어 지능을 계발할 수 있단다.
(대부분의 경우 언어 능력은 열세 살이 넘으면 더 이상 발달하지 않는다.)
자, 그럼 재미있게 놀면서 언어 능력을 높일 수 있는 마법의 언어 놀이에 대해
알아보자.

낱말 기억해 내는 놀이
친구와 번갈아 가며 '아'라는 말이 들어 있는 낱말을 기억해 내 보자. 예를 들어 아침, 아버지, 아기, 아줌마, 아령, 아부 등 서로 번갈아 가면서 낱말을 기억해 내다가 5초 이내에 못하면 지는 게임이다. 처음에는 대부분의 아이들이 명사만을 생각해 내지만, 익숙해지면 '아름답다', '아부하다' 등 형용사나 동사까지 떠올릴 수 있게 된다.

짧은 문장 만들기 놀이
예를 들어 '동', '사', '무'로 시작하는 짧은 문장을 만든다고 하자. 그럼 "동물원의 사자는 무섭다." 등도 있을 거고, "동산에 사람들이 무지 많다."도 있을 거야. 시간을 약 1분 정도로 하고 두 사람 중 한 사람이 손을 들 때까지 계속 짧은 문장을 만들어 본다.

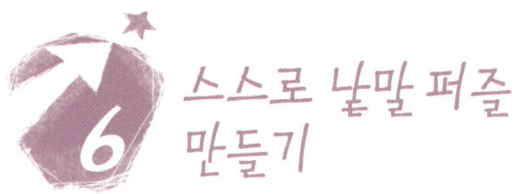

6 스스로 낱말 퍼즐 만들기

Test

어휘력 테스트

다음 (   ) 안에 들어갈 낱말은 뭘까요? (3분 안에 모두 푸세요.)

1. 왼쪽 (중앙) 오른쪽 : 남쪽 (   ) 북쪽

2. (   ) ─ 척추동물
                ─ 생물
                ─ 전기
                ─ 더위
                ─ 의식

3. 이슬
   솔   ─ (   )
   눈물

이런 식의 낱말 퍼즐 문제를 네 스스로 만들어 보는 건 어떨까?
이렇게 낱말 퍼즐 문제를 스스로 만들어 보면, 낱말의 공통점과 차이점 등을 분명하게 알게 될 거야.
또한 글자에 대해 점점 흥미를 가지게 될 거야.
뿐만 아니라 언어학자들에 의하면 이렇게 낱말을 이리저리 비교해 보는 행위는 언어 능력 계발에 크게 도움이 된다고 해.
물론 위와 똑같은 방식으로 문제를 내지 않아도 좋아.
네 나름대로 새로운 문제를 만들어서 친구들에게 맞혀 보라고 하는 것도 좋을 거야.
예를 들어 '개-강아지, 소-송아지, 닭-(?)' 식으로 말이지.
물론 이 문제의 답은 '병아리'겠지.

초보자들을 위한 퍼즐

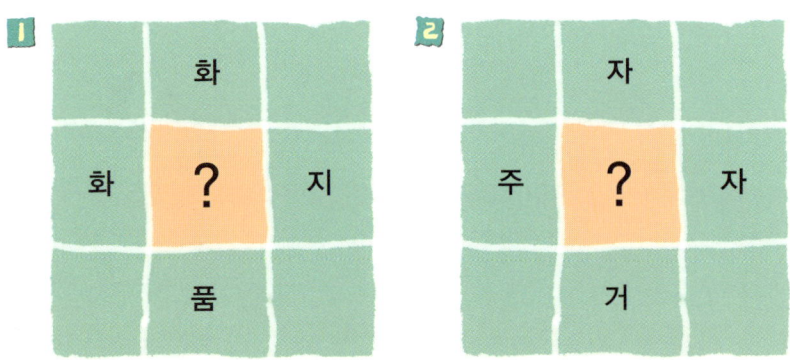

♠139쪽 문제 정답 : 1-적도, 2-무, 3-방울   ♠140쪽 문제 정답 : 1-장, 2-전

7 문장을 한꺼번에 길게 읽어라

엉터리 문장 바로잡기

다음 문장은 낱말의 순서가 엉터리입니다. 이들 낱말을 뜻이 통하도록 알맞은 순서로 바꾸어 놓으세요. (2분 안에 푸세요.)

1 조용한, 코끼리가, 뛰어들었다, 연못에, 작은

2 가을이, 떨군다, 가로수는, 하나 둘씩, 되면, 낙엽을

3 일으켜, 사거리, 트럭이, 한가운데, 서 있다, 교통사고를, 가벼운

이런 문제를 풀려면 문장 감각이 뛰어나야 하는데, 문장 감각은 어떻게 길러지는 걸까?

간단하게 말해서 문장 감각은 남이 쓴 문장을 자꾸 읽어 봐야만 는단다. 즉, 책을 많이 읽어야 한다는 말이지.

책을 읽을 때는 가능하면 빨리 읽는 게 좋아.

책을 빨리 읽으려고 노력하다 보면 자연스럽게 두뇌 회전이 빨라지고 문장에 대한 이해력도 길러지니까 말이지.
너는 지금 책을 읽을 때 어느 정도의 속도로 읽고 있을까?
문장을 한꺼번에 길게 읽으면 아이큐가 좋아질까?
아직 그렇다고 할 확실한 근거는 없어.
하지만 최근 조사에 의하면 머리가 좋은 아이일수록 어려서부터 문장을 한꺼번에 길게 묶어서 읽는다는 사실이 밝혀졌단다.
앞으로는 문장을 읽을 때 가능한 한 한꺼번에 통째로 읽어 버리자.

책 읽기의 세 가지 단계

예문 : 어떻게 하면 아이큐가 높아질 수 있을까?

1 어/떻/게/하/면/아/이/큐/가/높/아/질/수/있/을/까?
이것은 글자를 처음 배운 유치원 아이들이 글자를 하나 하나 떼어서 읽는 단계이다. 만약 이 단계라면 심각한 상태이다.

2 어떻게 하면 / 아이큐가 / 높아질 수 / 있을까?
이것은 보통 초등학교 저학년 아이들이 책을 읽는 속도이다. 이 단계 역시 빨리 벗어나야만 한다.

3 어떻게 하면 아이큐가 높아질 수 있을까?
문장을 읽을 때는 이런 식으로 한꺼번에 길게 묶어서 읽어야 문장 감각이 길러진다.

♠141쪽 문제 정답 :
1. 작은 코끼리가 조용한 연못에 뛰어들었다. 2. 가을이 되면 가로수는 하나 둘씩 낙엽을 떨군다.
3. 트럭이 가벼운 교통사고를 일으켜 사거리 한가운데 서 있다.

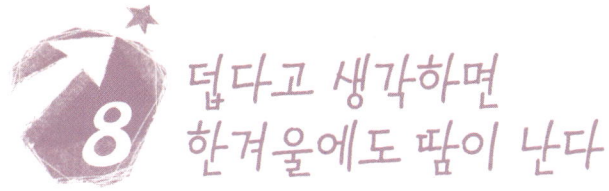

8. 덥다고 생각하면 한겨울에도 땀이 난다

어느 한 초등학교에 새로운 선생님이 부임해 왔어.
그런데 첫날 교장 선생님이 "선생님이 맡으실 반은 우리 학교에서
가장 뛰어난 반입니다."라는 말을 하시는 거야.
그래서 선생님은 수업을 시작할 때마다 항상 '우리 반 아이들은 모두
똑똑한 아이들이니까 특별하게 가르쳐야 해.'라고 자기 암시를 걸었단다.
그런데 사실 그 반은 교장 선생님이 말한 그런 반이 아니었어.
그저 평범한 반이었지.
하지만 선생님은 그런 사실을 전혀 모른 채 한 학기 내내
자기 암시를 걸고 열심히 수업을 했단다.
그 결과 그 반은 정말 그 학교에서 가장 뛰어난 반이 되었지.
이처럼 자기 암시는 대단한 효과를 발휘할 수 있어.
'나는 할 수 있다.'라고 믿으면 도저히 불가능할 것 같던 일도
해내는 경우가 종종 있지.
인도에서 요가를 하는 어떤 사람은 마음만 먹으면 한겨울에도
땀을 뻘뻘 흘릴 수 있다고 해.
'나는 지금 덥다.'라고 자기 암시를 걸면 그런 일이 가능하다는 거야.
'나는 내 안에 잠들어 있는 언어 능력을
깨울 수 있다.'라고 잠들기 전에 한 번씩만이라도
암시를 걸어 보렴.

심심풀이로 해 보는 자기 암시법

1. 눈을 감고 깍지를 낀다.
2. 3분 동안 반복해서 '절대 이 깍지를 풀 수 없다.'라고 자기 암시를 건다.
3. 3분 후, 계속해서 '절대 이 깍지를 풀 수 없다.'라는 자기 암시를 걸면서 깍지를 풀어 보려고 해 본다.
   (자기 암시가 제대로 걸리면 절대 깍지를 풀 수 없다.)

9. 오른쪽 뇌 속에 숨어 있는 서랍을 열어라

누구나 하늘에 떠다니는 구름을 보며 '야, 저 구름은 공룡같이 생겼네.'
'아니 이제 보니까 강아지 같기도 하고……' 라는 생각을 해 본 적이 있을 거야.
이처럼 구름에서 공룡으로 공룡에서 강아지로, 꼬리에 꼬리를 물고
떠오르는 생각을 연상이라고 해.
평소에 어떤 사물을 보고 연상을 자주 한다는 것은 아이큐가 높다는 증거야.
네 오른쪽 뇌 속에는 너도 모르고 있는 많은 생각들이 잠들어 있어.
그 생각들은 자꾸 끄집어내는 게 좋아.
그렇지 않고 그냥 그대로 두면 영원히 쓸모없는 생각으로 남게 될지도
모른단다.
오른쪽 뇌 속에 있는 많은 생각을 끄집어내려면 '연상 놀이'를
해 보는 것이 가장 좋은 방법이야.

연상 놀이를 할 때는
네 오른쪽 뇌 속에
수많은 서랍이 있다고
생각해 보렴.
그리고 그 서랍 하나하나에
네가 알고 있는 모든 것들이
들어 있다고 생각하렴.

낱말 연상 놀이

종이에다 한 단어를 쓴 다음, 그 다음으로 연상되는
낱말들을 따라가면서 쭉 적는다.
('바보' 라는 단어가 떠올랐다고 하자. 그럼 그 다음으로
연상되는 낱말은 무엇인가? 깊이 생각하지 말고
머릿속에 떠오르는 대로 무엇이든
적어 가면 된다.)

그렇게 얼마 동안 쓰고 나서 그 내용을 검토해 보렴.
그럼 너 자신도 깜짝 놀랄 만큼 멋진 생각들이 네 머릿속에
들어 있다는 것을 알게 될 거야.

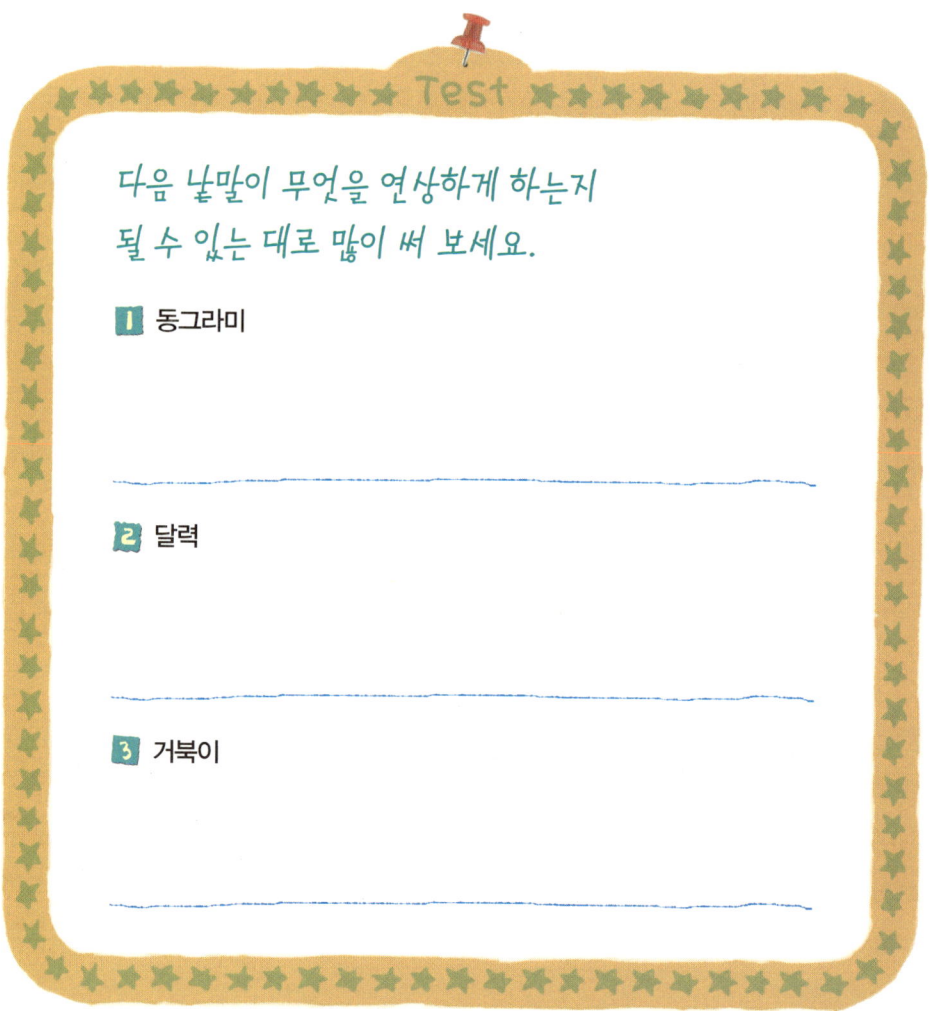

다음 낱말이 무엇을 연상하게 하는지
될 수 있는 대로 많이 써 보세요.

1. 동그라미

2. 달력

3. 거북이

1. 왜 이렇게 됐을까? | 2. 손톱이 빨리 자라는 아이가 아이큐가 높다?
3. 커브를 잘 던지는 투수가 머리가 좋은 까닭 | 4. 종이접기로 논리력 기르기
5. 속담에게 시비 걸기 | 6. 뒤섞여 있는 그림을 바로잡아라
7. 궁금한 게 있으면 무조건 질문을 던져라 | 8. 나는 어느 쪽 뇌가 더 발달했을까?
9. 평소에 사용하지 않는 손을 사용해라

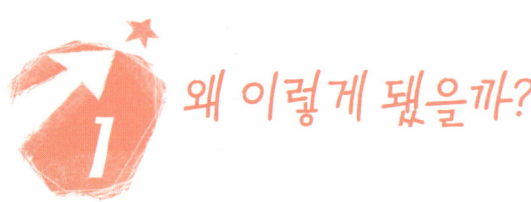

1 왜 이렇게 됐을까?

Test

? 자리에 어울리는 것은 다섯 개 중 어느 것일까요?

1

∨ △
∧ ?

① <　② ▽　③ △　④ >　⑤ ∨

2

∧ >
< ?

① ∧　② >　③ <　④ ∨　⑤ ≥

텔레비전을 보는데 화면에 투수가
공을 던지는 장면이 나왔다고 하자.
그리고 그 다음 화면에는 공이 담장을 넘어가는
장면이 나왔다고 하자.
그럼 중간에 빠진 장면은 뭘까?
그래. 타자가 홈런을 치는 장면이겠지.
바로 이런 것을 연관 관계라고 해.

**논리력을 테스트하는 문제를 풀 때는 반드시
어떤 연관 관계를 가지고 연결되어 있을까를 먼저
생각해야 해.**

연관 관계라는 말이 어려우면 그냥 '왜 이렇게 됐을까?' 라고 생각해 보렴.
그럼 금방 답이 보일 거야.

♠150쪽 문제 정답 : 1-② (위쪽 그림들이 거울에 비친 모습), 2-④ (끝이 시계 방향으로 움직이고 있는 모습)

2 손톱이 빨리 자라는 아이가 아이큐가 높다?

이 글을 읽는 아이들 중에는 음악 학원에 다녀 본 경험이 있는
아이들도 많을 거야.
물론 대부분의 아이들이 반년 정도 지나 "나에게는 음악적 재능이
없어."라고 투덜거리면서 그만두었겠지만 말야.
그렇지만 실망할 필요는 없어.
악기를 멋지게 연주할 수 없더라도 악기를 반년이라도 다루어 봤다면,
네 아이큐는 그 전보다 훨씬 좋아졌을 테니까 말이지.

**머리가 좋아지려면 왼쪽 뇌와 오른쪽 뇌를 동시에
발달시켜야 해.**

그러기 위해서 오른손과 왼손을 동시에 사용하는 기회를 많이 가져야만 하지.
(대체적으로 손을 많이 쓰는 사람이 아이큐가 높다.)
피아노나 바이올린은 양쪽 손을 모두 사용하면서 동시에 두 손이
각각 다른 역할을 하고 있기 때문에, 오른쪽 뇌와 왼쪽 뇌를 동시에
발달시키는 데 크게 도움이 된단다.
컴퓨터 키보드를 열 손가락으로 치는 것도 두뇌 발달에 도움이 돼.
컴퓨터 키보드를 열 손가락으로 치면, 열 손가락이 모두 바빠
움직이기 때문에 그만큼 두뇌 회전이 빨라지는 거지.
그런데 재미있는 건 이렇게 양손을 자주 쓰면 손톱이 빨리 자란다고 해.
그래서 인체를 연구하는 학자들은 손톱이 얼마나 빨리 자라는지만 봐도,
그 사람의 아이큐가 얼마나 높은지를 알 수 있다고 한단다.

손톱으로 아이큐 측정하기

1 **손톱과 아이큐와의 관계**
  손끝을 자주 사용하면 손톱이 빨리 자라고 머리가 발달한다.

2 **손톱이 빨리 자라는 원리**
  손끝을 자주 사용하면 손톱 뿌리 부분의 세포가 자극을 받아 손톱이 자라는 속도가 평소보다 빨라지게 된다.

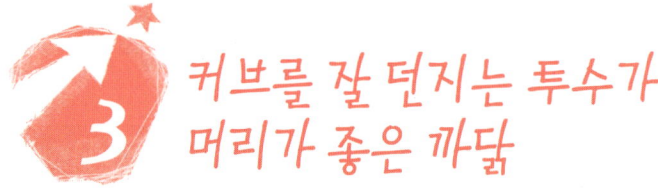
3 커브를 잘 던지는 투수가 머리가 좋은 까닭

세계적으로 유명한 투수들은 대부분 두뇌 회전이 빠르고 논리적이라고 해. 그중에서도 특히 커브를 잘 던지는 투수들 중에 아이큐가 높은 사람이 많은 이유는 뭘까?
엄지손가락은 뇌와 아주 밀접한 관련이 있어서, 엄지손가락을 자꾸 돌려 주면 뇌가 가장 강하게 자극을 받는다고 해.
그런데 커브는 엄지손가락을 이용해서 던지는 변화구야.
그러니까 커브를 잘 던지는 투수들은 엄지손가락을 자꾸 쓸 수밖에 없고, 그 결과 뇌가 좋은 자극을 받아 두뇌 회전이 빨라지는 거지.
그런데 불행하게도 보통 사람들은 평소에 엄지손가락을 쓸 일이 별로 없어. 겨우 "너 최고다!"라는 표현을 할 때나 엄지손가락을 사용할 정도고, 대부분의 일은 모두 나머지 네 손가락이 도맡아서 하고 있지.
하지만 그렇다고 가만히 있을 수는 없겠지?

두뇌 회전을 빠르게 하는 손가락 씨름!

게임 방법 :

1. 친구와 악수하듯 손을 마주 잡고 엄지손가락을 세운다. 엄지손가락을 움직여서 상대의 엄지손가락을 자신의 엄지손가락으로 눌러서 꼼짝 못하게 하는 게임이다.

2. 엄지손가락을 시계 방향 또는 시계 반대 방향으로 움직이면서 상대의 공격을 피하고 기회를 보아 상대의 엄지손가락을 누르면 된다.

손가락 씨름을 할 때는 오른손과 왼손을 번갈아 가면서 해 보렴.
그렇게 하면 오른쪽 뇌와 왼쪽 뇌를 모두 발달시킬 수 있을 거야.

4 종이접기로 논리력 기르기

종이로 학이나 배를 접을 수 있니?

종이접기는 종이 한 장만 있으면 언제 어디서나 할 수 있는 놀이지.

일단 종이를 한 장 펼쳐 놓고 학이나 배, 또는 개구리, 비행기 등을 접어 보자.

방법을 모르면 친구나 부모님에게 물어보렴.

처음에 배우기가 좀 힘들어서 그렇지 한 번 배워 두면 웬만해서는

잊어버리지 않을 거야.

〈종이학 접기〉

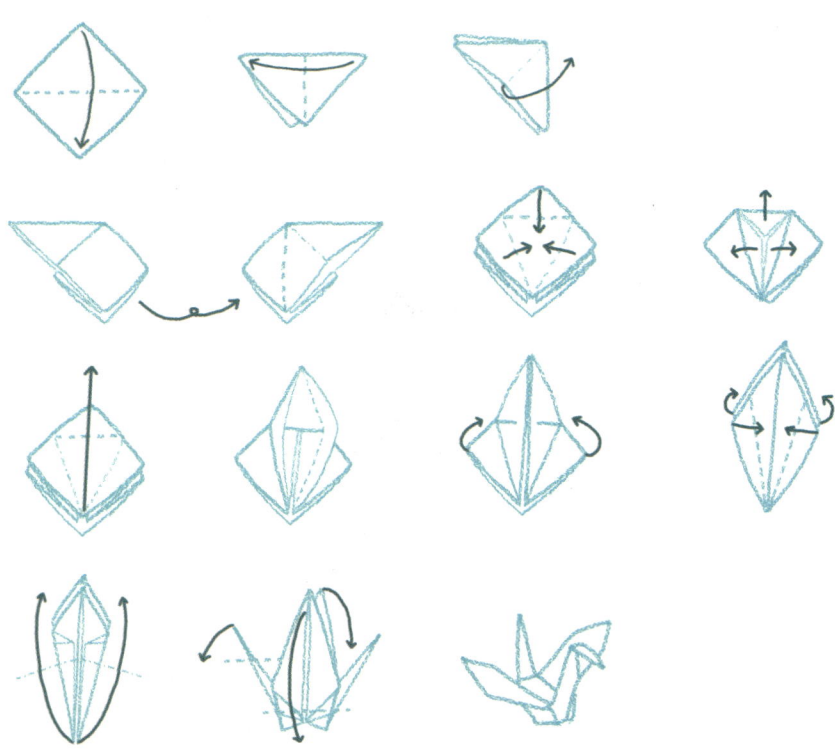

종이접기는 순서가 바뀌면 절대 제대로 된 작품을 만들 수 없어.
뿐만 아니라 사소한 잘못 하나라도 그냥 둔 채 접어 가면 불완전한 것밖에 만들지 못하지.
결국 종이접기를 하게 되면 순차적으로 차근차근 생각하는 습관이 생기게 된단다.
이처럼 정확한 순서대로 한 치의 착오도 없이 접어야 하는 종이접기는
논리적인 지능 발달과 매우 밀접한 관계가 있어.

처음 종이접기를 하는 아이들에게

일단 종이접기를 아는 친구나 부모님에게 완성품을 건네 받자. 그리고 그것을 하나씩 풀어 가면서 어떠한 순서로 접게 되면 완성되는가를 반대로 더듬어 가 보자.
이렇게 하면 종이접기에 숨어 있는 논리성을 스스로 발견하는 즐거움을 얻을 수 있다.

 속담에게 시비 걸기

속담에게 시비를 걸어 보세요!

1. 내일 일은 내일 생각하라 :

2. 쥐구멍에도 볕 들 날이 있다 :

3. 참다 보면 언제가 좋은 날이 온다 :

3. 서두르면 일을 그르친다 :

4. 뿌린 만큼 거둔다 :

5. 돌다리도 두드려 보고 건너가라 :

 초등학생쯤 되면 이 정도의 속담은 모두
잘 알고 있을 거야.
물론 모두 훌륭한 속담들이지.
하지만 이런 속담도 하나 하나 잘 따져 보면
논리의 허점을 발견할 수 있어.
예를 들어 네가 "내일 일은 내일 생각하라."라는 속담에게
시비를 건다고 생각해 보자.
"말도 안 되는 소리 하지 마라. 내일 어떤 일이 닥칠지 어떻게
알겠는가. 미리 미리 대비를 하는 버릇을 들여야 한다."라는 식으로
하나 하나 따져 가면서 논리적으로 시비를 걸어 보는 거야.
처음에는 조금 힘이 들 거야.
그렇지만 주저하지 말고 '어떡하면 논리적으로 내 생각을
펼칠 수 있을까?'를 생각하면서 속담에게 시비를 걸어 보렴.
어떻게 하든지 속담과 반대되는 말을 해 보려고 노력해 보는 거야.
그렇게 여섯 문제를 다 풀어 보면, 논리적으로 말하는 방법에 대해
조금이나마 눈을 뜨게 될 거야.

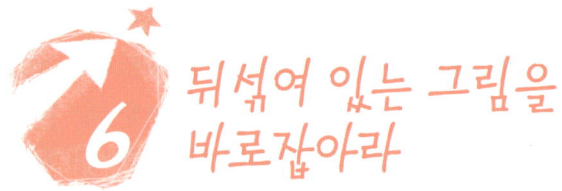

6 뒤섞여 있는 그림을 바로잡아라

논리적인 생각은 특별한 경우에만 하는 거라고 여기는
아이들이 있을 거야.
하지만 우리는 항상 논리적인 생각을 하면서 살아가고 있단다.
네가 힘껏 벽을 향해 공을 던지면 공은 살살 던질 때보다 훨씬 멀리
튕겨져 나갈 거야.
그때 너는 속으로 '아하! 너무 힘껏 던지면 공이 멀리 튕겨져 나가는구나.'
라고 생각하겠지.
또한 숙제를 안 해 가는 날은 마음이 불안할 거야.
그럴 때 너는 '내가 지금 불안에 떨고 있는 건 숙제를 안 해 왔기 때문이야.'
라고 생각할 거야.
이 모든 게 바로 논리적인 생각들이란다.
결국 논리적인 생각이란 '왜', '어떻게 해서' 그런 일이 일어났는지를
생각하는 능력을 말하는 거지.
자, 그럼 이제 네가 얼마나 논리적인 아이인지 테스트를 해 보자.
이 정도의 문제는 10초 안에 풀 수 있어야 해.

우선 그림의 순서를 논리적으로 정리해 보자.

'병아리가 모이를 쪼아 먹고(3번 그림), 닭이 되었다(2번 그림). 그러던 어느 날 닭이 달걀을 낳았다(4번 그림). 그렇게 낳은 달걀들은 달걀판 위에 놓여졌다(1번 그림). 그리고 누군가 그 달걀을 사서 프라이를 해 먹었다(5번 그림).”

논리력을 테스트하는 문제들은 이렇게 그림을 뒤섞어 놓고 순서를 바로잡으라고 하는 문제들이 많아.

이런 문제를 풀 때는 앞에서도 말했다시피 '왜', '어떻게 해서' 그런 일이 일어났는가를 잘 따지기만 하면 돼.

다만 주어진 시간 안에 많은 문제를 풀어야 하기 때문에 가능한 한 빨리 찾아내려고 해야 하겠지.

자, 그럼 다음 문제는 몇 초 안에 풀 수 있는지 시간을 재 보자.

그림의 순서를 바로잡아 주세요.
적어도 20초 안에는 풀어야 해요.

( )

♠161쪽 문제 정답 : ③-②-④-①-⑤ ♠162쪽 문제 정답 : ③-④-①-②-⑤

7 궁금한 게 있으면 무조건 질문을 던져라

Test

다음 빈 곳에 들어갈 알맞은 그림을 골라
그 번호를 쓰세요.

① ② ③ ④ ⑤ ⑥

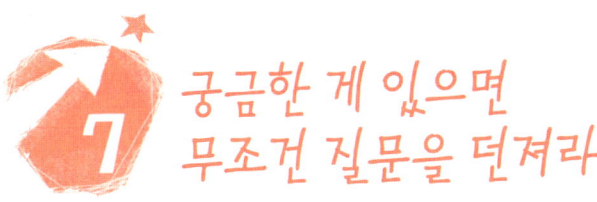

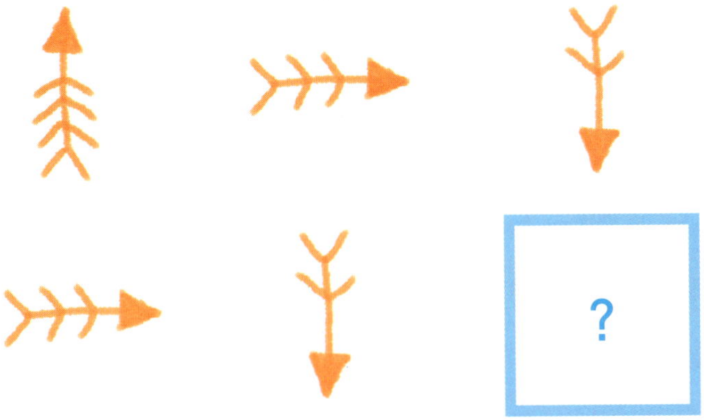

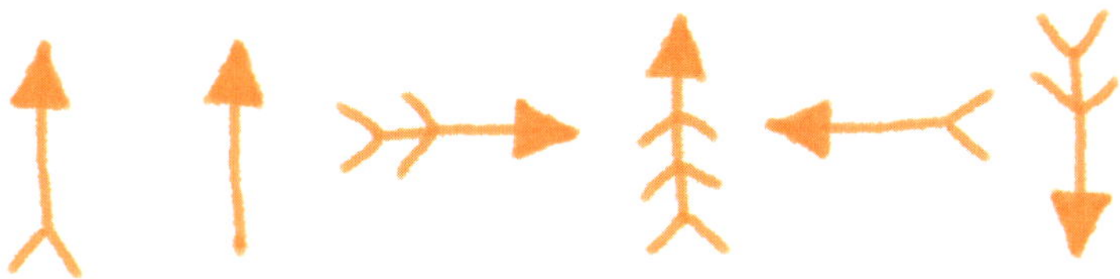

왜 화살표들이 이런 방식으로 움직이고 있는 걸까?
또 왜 화살표 꼬리에 깃들이 많아졌다 줄었다 하는 걸까?
멍하니 보고 있지만 말고 스스로에게 자꾸 질문을 던져 보렴.
"왜 화살표들이 이렇게 움직이고 있고, 깃털은 왜 줄어드는 걸까?" 하고
**질문을 던지면서 그 이유를 생각해 보면
문제를 더 빨리 풀 수 있단다.**

어렸을 때는 "엄마, 왜 여름에는 눈이 안 와요?",
"아빠, 애기는 어떻게 태어나는 거야?"라는 식의 질문을 쉴 새 없이
쏟아 놓다가, 일단 초등학교에 들어가면 갑자기 입을 다물어 버리는
아이들이 많아.
마치 모든 것을 다 알아 버린 것처럼 말이지.
하지만 초등학생이든 대학생이든 우리는 아직 아는 것보다
모르는 것이 더 많단다.
실제로 한 대학 졸업생들에게 "왜 하늘은 파란가?"라는 질문을 해 봤더니,
과학적으로 적절한 대답을 한 사람은 열 명 중 한 명에 불과했다고 해.
머리가 좋아지고 싶니?
그럼 궁금한 게 생기면 주저하지 말고 질문을 던지렴!
그리고 왜 그런 일이 일어나는지 곰곰이 생각해 보렴.

▲163쪽 문제 정답 : ⑤ (이유 : 화살표는 시계 방향으로 90도씩 회전하고 있으며, 꼬리의 깃이 하나씩 줄어들고 있기 때문에)

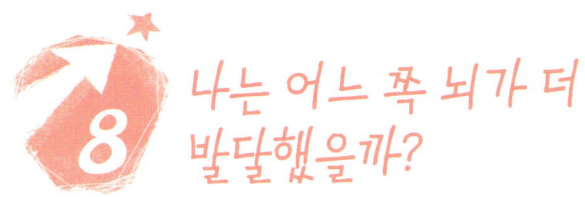

나는 어느 쪽 뇌가 더 발달했을까?

오른쪽 뇌가 발달한 사람	왼쪽 뇌가 발달한 사람
변화를 좋아한다. (색다른 것을 좋아한다.)	질서와 안정을 좋아한다. 계획을 세워 일을 처리하는 편이다.
팔짱을 낄 때 주로 오른팔이 위로 올라간다. (몸에서 멀어진다.)	팔짱을 낄 때 주로 왼팔이 위로 올라간다. (몸에서 멀어진다.)
다이빙, 무용, 스케이트 등 예술적인 스포츠를 좋아한다.	경쟁하면서 경기하는 스포츠를 좋아한다.
낯선 사람들의 얼굴을 잘 기억한다.	낯선 사람들의 이름을 잘 기억한다.
활자체를 좋아한다.	필기체를 좋아한다.
공부할 때 차트나 지도 등 시각적인 자료를 좋아한다.	체계적인 순서, 분석된 자료를 좋아한다.
음악, 미술, 체육 등을 좋아한다.	읽기, 쓰기, 셈하기, 말하기를 잘한다.

사람에 따라서 오른쪽 뇌가 더 좋은 사람이 있는가 하면 반대로 왼쪽 뇌가 더 좋은 사람이 있어.
물론 양쪽 뇌가 모두 좋은 사람도 있고, 양쪽 뇌가 둘 다 안 좋은 사람도 있겠지.
이 글을 읽고 있는 너는 어느 쪽 뇌가 더 발달한 아이일까?

네가 만약 왼쪽 뇌가 발달한 아이라면 이제부터는 오른쪽 뇌를 계발시키기 위해 노력해 보렴.

반대로 오른쪽 뇌가 발달한 아이라면 왼쪽 뇌를 계발시키기 위해 노력을 해야겠지.

네 안에 잠들어 있는 아이큐를 깨우려면 양쪽 뇌가 모두 발달해야만 한단다.

9 평소에 사용하지 않는 손을 사용해라

일반적으로 오른손잡이는 오른쪽 뇌가 덜 발달되어 있고,
왼손잡이는 왼쪽 뇌가 덜 발달되어 있다고 해.
이것은 우리 몸의 신경 체계가 좌우로 엇갈려 있기 때문이야.
즉 오른쪽 뇌는 왼쪽 팔다리의 움직임이 맡고, 왼쪽 뇌는 오른쪽 팔다리의
움직임이 맡고 있지.
때문에 오른쪽 뇌를 계발하고 싶으면 왼쪽 팔다리를 자주 써야 하고,
왼쪽 뇌를 계발하고 싶으면 오른쪽 팔다리를 자주 사용해야 한단다.
자주 쓰지 않던 왼손이나 오른손을 사용하면 처음에는 어색하고
이상한 느낌이 들 거야.
하지만 조금만 열심히 해 보면 뜻밖에 쉽게 익숙해질 거야.
중간에 귀찮다고 포기하지 말고 꾸준히 노력해 보렴.
이처럼 평소에 안 쓰던 팔다리를 사용하면 아이큐를 높일 수 있으니까 말이지.

오른손잡이가 왼손을 발달시키는 방법

1. 호두를 왼손으로 만지작거리며 놀아 보자.
2. 노트에 낙서를 할 때 왼손으로 써 보자.
3. 만원 버스나 전철에서 왼손으로 손잡이를 잡자.
4. 전화기를 왼손으로 들고 왼쪽 귀로 듣자.
5. 왼발로 공을 차 보자.
6. 왼쪽 손으로 돈을 세 보자.
7. 오른쪽 눈을 한 손으로 가리고 왼쪽 눈으로 사물을 바라보자.
(왼손잡이는 오른손으로 이와 같은 일을 해 보자.)

1. 산수를 잘한다고 머리가 좋은 건 아니다 | 2. 흑과 백의 마법
3. 수학 천재들이 수학 문제 푸는 법 | 4. 공부하지 말고 밖에 나가서 뛰어놀아라
5. 아이큐를 높이는 가장 좋은 약은 자신감이다 | 6. 머리가 좋아지는 두뇌 체조
7. 가위바위보로 수학 능력 키우기

수학 능력 높이기

1 산수를 잘한다고 머리가 좋은 건 아니다

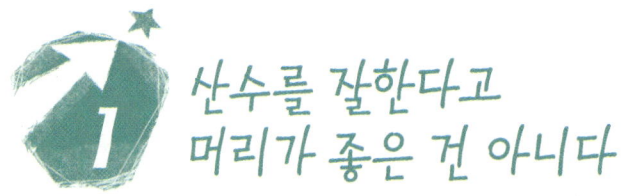

아이큐 테스트

다음 수들은 어떤 법칙에 의해 나열되어 있습니다.
앞뒤 관계를 잘 보고, ( ) 안에 들어갈 알맞은 수를 써 넣으세요.

3   5   4   12   14   13   39   (   )   40

이 문제를 풀기 위해서는 덧셈, 뺄셈, 곱셈을 모두 알아야 해. 하지만 그것만 갖고 이 문제를 과연 풀 수 있을까?

너도 아마 덧셈, 뺄셈, 곱셈 정도는 모두 할 수 있겠지.

그렇지만 ( )에 무슨 숫자가 들어가야 하는지는 한눈에 쏙 들어오지 않을 거야.

이런 아이큐 테스트 문제를 풀기 위해서는 계산하는 능력 외에도, 나열되어 있는 숫자가 어떤 규칙을 가지고 있는지를 알아내는 능력이 있어야만 해.

문제의 답은 41인데, 어떻게 41이라는 답이 나오는지 그 과정을 살펴보자.

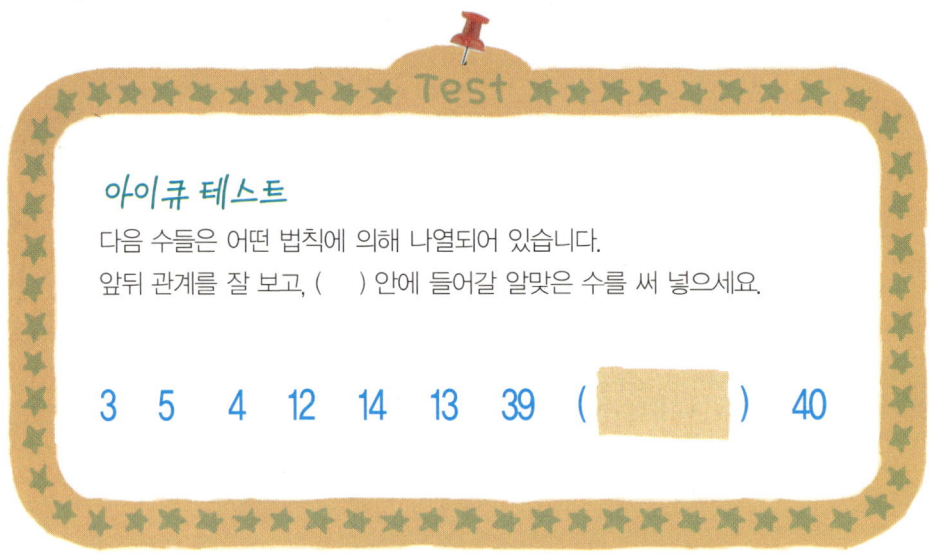

즉 〈+2, -1, ×3〉이라는 수열의 규칙을 추리해 내는 능력이 있어야
이 문제를 풀 수 있는 거지.
그러니까 단순히 산수만을 잘해서는 아이큐를 테스트하는 수학 문제를
풀 수 없다는 말이야.
아이큐를 테스트하는 문제를 풀 때는 산수를 하려고 하지 말고,
먼저 문제 속에 어떤 규칙이 있는지를 추리해 보렴.

2 흑과 백의 마법

빈 곳에 알맞은 수는?

앞서도 말했다시피 수학 능력을 테스트하는 문제를 잘 풀려면
'일정한 규칙'을 빨리 파악할 줄 알아야 해.
위 문제를 보면 1과 마주 보고 있는 수는 2고, 2와 마주 보고 있는
숫자는 4, 그리고 3과 마주 보고 있는 숫자는 6이라는 걸 알 수 있어.
그렇다면 4와 마주 보고 있는 빈 곳에 들어갈 숫자는 당연히 8이겠지.
이런 문제는 '일정한 규칙'이 뭔지만 알아차리면 정말 너무나
쉽게 풀 수 있지.
그럼 놀면서 이러한 능력을 키울 수는 없을까?
이런 이야기가 있어.
우리나라 바둑계의 한 유명한 프로 기사는 초등학교에 들어가기 전부터
바둑을 두기 시작했어.

그는 어렸을 때 공부는 안 하고 바둑만 두었다고 해.
그런데 초등학교에 들어가서는 다른 공부는 못해도 수학 문제만큼은 못 푸는 게 없었단다.
바둑을 두다 보니까 일정한 규칙의 변화를 직관적으로 단번에 알아차리는 능력이 발달했기 때문이지.
바둑이 어려우면 '오목'을 두어 보는 것도 좋을 거야.
오목을 두는 것만으로도 일정한 규칙을 찾아내는 눈을 키울 수 있으니까 말이지.
게다가 이기고 지는 승부를 자주 하다 보면 뇌가 발달하고 머리가 똑똑해진단다.

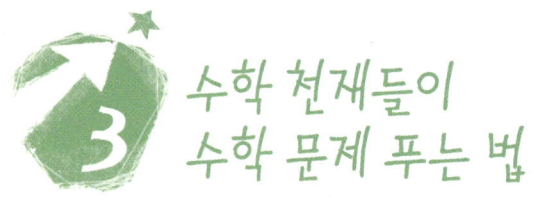

3 수학 천재들이 수학 문제 푸는 법

종종 신문을 보면 수학적으로 뛰어난 재능을 가진 아이들에 대한 기사를 볼 수 있어.
열두 살에 대학에 들어갔다느니, 스무 살에 대학 교수가 되었다느니 하는 아이들에 대한 얘기를 들으면 넌 어떤 생각이 드니?
아마 '그런 아이들은 아주 복잡한 수학 문제도 잘 풀 거야.' 라고 생각할 거야.
하지만 그렇지만도 않단다.
심지어 수학 천재들 중에는 복잡한 계산 문제 푸는 걸 아주 싫어하는 아이들도 있지.
그러니까 수학적으로 뛰어난 머리를 가졌다는 것은 단순히 계산을 잘하는 능력을 말하는 게 아니라는 거지.
그렇다면 수학적 재능이란 뭘까?
'수학적인 문제를 단순화할 줄 아는 재능' 이라고 생각하면 쉬울 거야.
자, 그럼 수학적 재능이 뛰어난 아이들이 문제를 어떻게 푸는지 살펴보자.

수학 천재들이 수학 문제 푸는 방법
문제 : 27+68=95

1 보통 아이큐를 가지고 있는 아이들 :
그냥 곧이 곧대로 27과 68을 더 한다.

2 약간 아이큐가 높은 아이들 :
먼저 20과 60을 더한 다음, 7과 8을 합한다.

3 수학 천재 :
먼저 30과 70을 더한 다음, 거기서 3과 2를 뺀다.

보기에는 별 차이가 없어 보일 거야.
하지만 이런 식으로 수학 문제를 풀어 보면 계산이
훨씬 쉽고 빨라진다는 걸 금방 느낄 수 있을 거야.
수학 천재들이 수학 문제를 푸는 비법은
문제를 단순하게 만들어서 쉽게 푸는 거야.
그렇게 하면서 자꾸 자기 나름대로 문제 푸는 방법을 찾아내는 거지.
어때?
너도 한번 수학 천재에 도전해 보지 않을래?

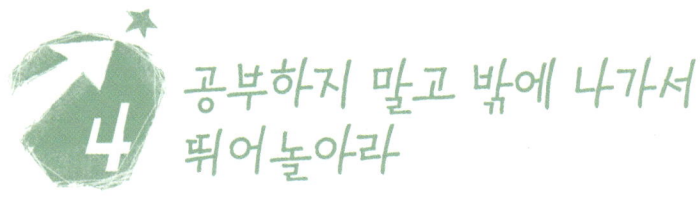
4 공부하지 말고 밖에 나가서 뛰어놀아라

친구들과 함께 길을 걸어가고 있는데 갑자기 뒤에서 무서운 개가
달려들었다고 생각해 보자.
이때 여러분 중에는 분명 재빨리 무서운 개를 피하는 친구가 있을 거야.
이런 친구는 운동 신경이 발달했기 때문에 빠르게 피하는 동작을 할 수 있는 거지.
운동 신경은 두뇌의 발달과 매우 밀접한 관련이 있어.
과학자들에 의하면 대개 운동 신경이 좋을수록 두뇌가 발달한다고 해.
그럼 어떻게 하면 운동 신경을 발달시킬 수 있을까?
스포츠를 해 보렴.
스포츠라고 해서 너무 거창하게 생각할 필요는 없어.
인라인스케이트나 줄넘기처럼 손쉽게 할 수 있는 운동은 우리 주변에
얼마든지 많으니까 말이지.
실제로 스포츠를 좋아해서 운동 신경이 발달한 아이와 집에서
공부만 하는 아이의 아이큐를 테스트해 봤더니, 스포츠를 즐기는 아이의
아이큐가 월등히 높았다고 해.
뿐만 아니라 수학 학습 능력 또한 차이가 있었다고 해.
시험에 나오는 기본 문제는 집에서 공부만 한 아이가 잘 풀었어.
하지만 응용 문제는 스포츠를 즐기는 아이가 훨씬 잘 풀었단다.
운동 신경이 발달해 있는 아이는 순간적인 판단력이 몸에 배어 있기 때문에,
수학의 응용 문제를 읽으면 그 문제가 무엇을 묻고 있는지를 재빠르게
이해할 수 있었던 거지.

방 안에서 운동 신경을 단련시키는 훈련

막대기 잡기 :
막대기를 똑바로 세운 채 위로 던졌다가 떨어질 때 자기가 정해 둔 부분을 붙잡는다. 우산이나 자 등으로도 할 수 있다. 정해 둔 부분에서 멀어질수록 운동 신경을 단련시키기 위한 연습을 부지런히 해야 한다.

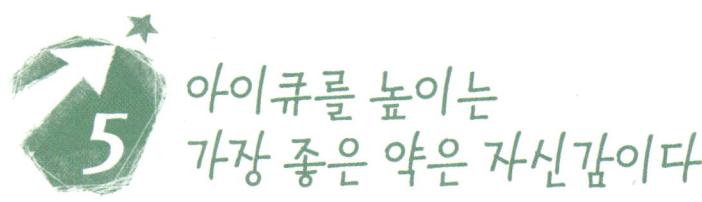

5. 아이큐를 높이는 가장 좋은 약은 자신감이다

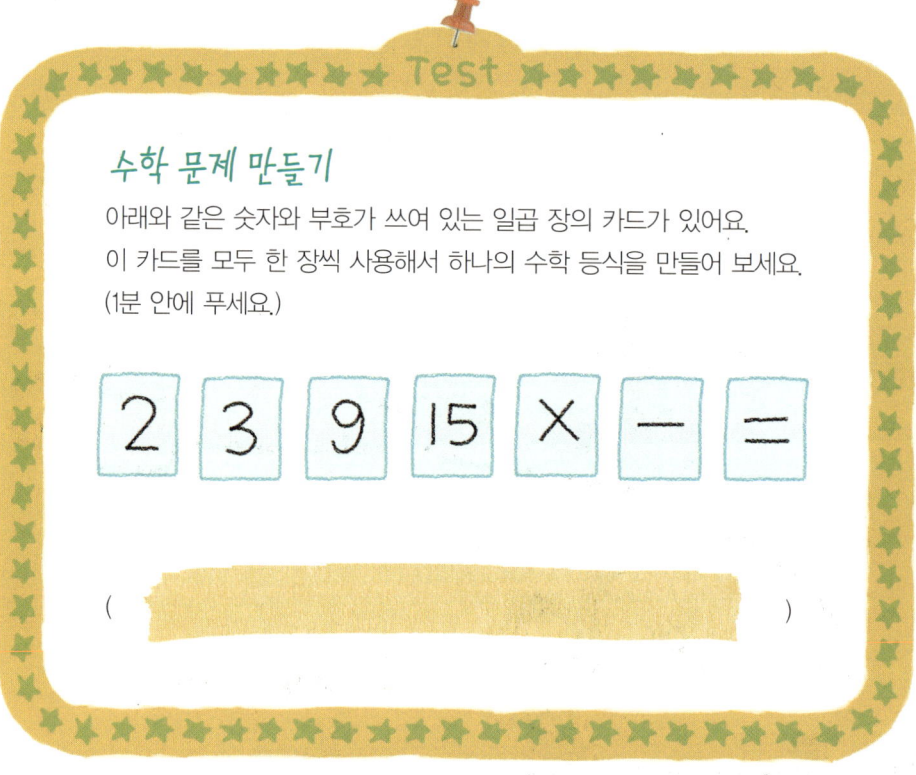

수학 문제 만들기

아래와 같은 숫자와 부호가 쓰여 있는 일곱 장의 카드가 있어요.
이 카드를 모두 한 장씩 사용해서 하나의 수학 등식을 만들어 보세요.
(1분 안에 푸세요.)

| 2 | 3 | 9 | 15 | × | − | = |

(_____)

위의 문제를 보고 "에이, 내가 어떻게 수학 문제를 만들어요?"라고 말한 아이들이 있을 거야. 실제로 문제를 만들어 보면 그렇게 어렵지도 않은데 대부분의 아이들은 해 보지도 않고 손을 든단다. 그건 그동안 수학 문제를 만들어 보지 않았기 때문일 거야. 그렇기 때문에 '할 수 있다.'라는 자신감이 생기지 않는 거지. 하지만 일단 한 번이라도 수학 문제를 스스로 만들어 보면 금방 자신감이 생길 거야.

아이큐를 높이는 데 자신감만큼 좋은 약은 없단다.

자신감이 없으면 깊이 생각을 하지 않게 돼.
'난 할 수 없을 거야.' 라고 미리 포기하기 때문이지.
하지만 자신감이 있는 아이는 어떻게 하든 이 문제를 풀어 보려고
많은 생각을 한단다.
그러다 보니까 머리가 자꾸 자극을 받게 되고, 그 때문에 머리가
좋아지는 거지.
인간의 아이큐는 조금씩 차이가 있지만, 가지고 있는 뇌 세포의 수는
거의 비슷해.
갓 태어난 아기의 뇌 세포 수도 어른의 뇌 세포 수와 엇비슷하지.
하지만 갓난아이는 어른처럼 아이큐가 높지 않아.
그건 갓난아이는 어른처럼 생각을 할
기회가 많지 않기 때문이란다.
머리가 좋아지고 싶니?
그럼 먼저 자신감을 가지렴.
그리고 항상 '난 할 수 있어.' 라는
긍정적인 생각을 하렴.
그럼 너도 모르는 사이에
생각을 깊게 하게 될 거야.

♠178쪽 문제 정답 : 9×2-3=15 또는 2×9-3=15,
　　　　　　　9×2-15=3, 2×9-15=3

6 머리가 좋아지는 두뇌 체조

머리를 맑게 하는 두뇌 체조

방법

1. 왼손 엄지와 검지로 맨 위쪽에 있는 갈비뼈 사이를 가볍게 눌러 준다.
2. 오른손을 배꼽에 댄다.
3. 고개를 천천히 좌우로 돌린다. (5분 정도 한다.)

효과

이 동작은 양쪽 뇌를 동시에 활발하게 하여 시각, 청각 등 감각 기관을 발달시키고 기억력을 좋게 한다.

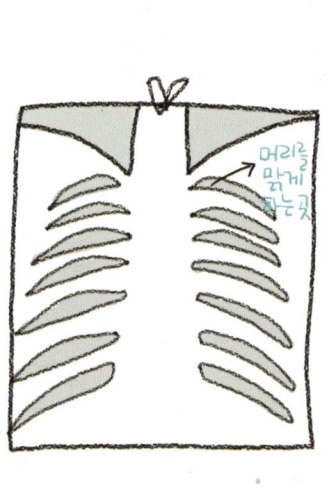

집중력을 길러 주는 두뇌 체조

방법

1. 양손을 어깨 넓이 정도로 벌려 탁자 위에 올려놓는다.
2. 어깨에 긴장을 풀고 턱이 가슴에 닿도록 고개를 숙이면서 목 뒤의 근육이 당겨지는 것을 느껴 본다.
3. 이 자세에서 머리를 아래로 내려 탁자 위에 댄다.
4. 숨을 들이마시면서 이마와 목을 천천히 들어 올려 뒤로 젖히고 가슴을 활짝 펴서 상체를 길게 늘려 준다.
5. 이 동작을 3회 반복한다.

효과

30분 정도 공부를 한 뒤에 이 체조를 하면 훨씬 집중이 잘 된다.

가위바위보로 수학 능력 키우기

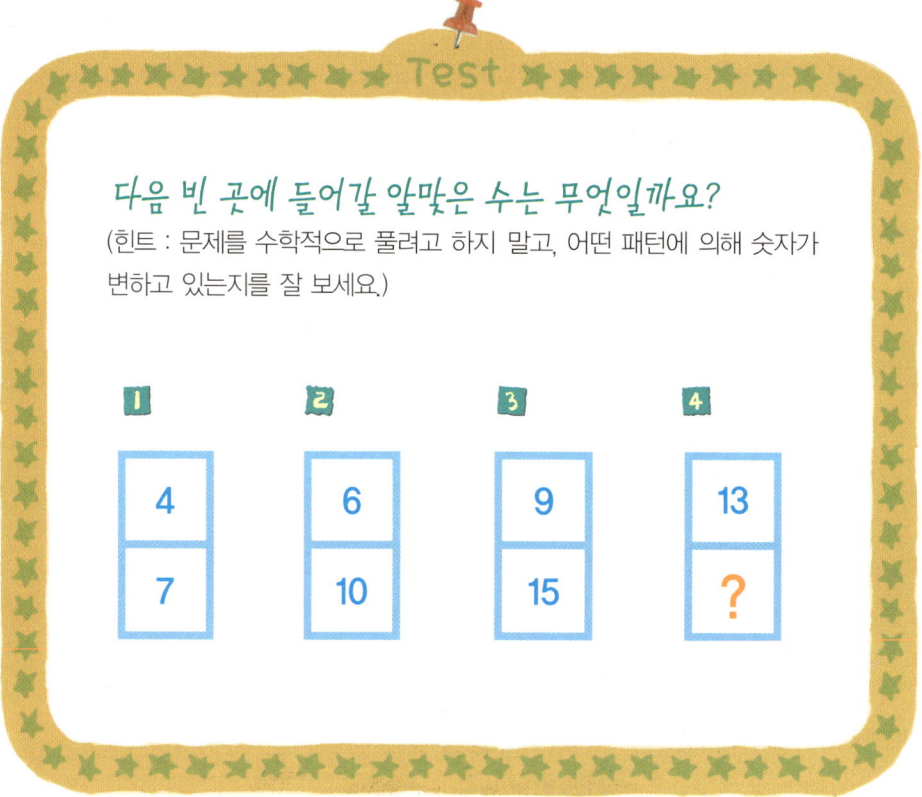

다음 빈 곳에 들어갈 알맞은 수는 무엇일까요?
(힌트 : 문제를 수학적으로 풀려고 하지 말고, 어떤 패턴에 의해 숫자가 변하고 있는지를 잘 보세요.)

아이큐 테스트에서 흔히 볼 수 있는 패턴 찾기 문제야.
패턴이란 사물의 모양이나 상황이 일정한 규칙을 가지고
반복되는 것을 말해.
일단 일정하게 반복되고 있는 패턴을 발견하면 이런 문제는
정말 쉽게 풀 수 있지. 반면에 일정한 패턴을 발견하지 못하면 절대
풀 수 없단다.

그렇다면 이 숫자들은 어떤 패턴을 가지고 반복되고 있을까?

먼저 4의 배수를 생각해 보자. 4의 두 배는 8이고, 6의 두 배는 12이고, 9의 두배는 18이지.

아! 그렇다면? 그래, 찾았니?

아래의 수는 위 수의 두 배에서 순서에 따라 1, 2, 3, 4씩을 뺀 수야.

아직도 이해를 하지 못한 사람들을 위해 한눈에 쏙 들어오게 정리를 해 보자.

▶ 4의 두 배인 8에서 순서에 따라 1을 빼면 7

▶ 6의 두 배인 12에서 순서에 따라 2를 빼면 10

▶ 9의 두 배인 18에서 순서에 따라 3을 빼면 15

그렇다면 13의 두 배인 26에서 순서에 따라 4를 빼면 정답은 22

어때? 어렵다고?

하지만 아이큐를 높이고 싶으면 이런 문제를 많이 풀어 봐야 해.

패턴 문제를 많이 풀어 보면, 사물에 대한 통찰력과 유추 능력 등이 좋아진단다.

그렇다면 평소에 놀면서 통찰력을 기를 수 있는 방법은 없을까?

여러 가지 방법이 있지만 그중에서 가장 간단한 방법은 바로 '가위바위보' 놀이야.

지금 친구와 함께 '가위바위보'를 한다고 생각해 보자.

친구가 가위를 내고 네가 보를 내서 첫 번째 판은 네가 졌다고 하자.
그럼 너는 분명 이런 생각을 하게 될 거야.
'첫 번째 판에서 가위를 냈으니 이번에는 주먹이나 보를 낼 거야.
그렇다면 내가 가위를 내서…… 중얼중얼…….'
이와 같이 '상대가 무엇을 낼 것인가?'라고 순간적으로 집중해서
생각하는 것은 추리력을 키우는 데도 많은 도움을 준단다.